JN069276

1日ひとつ、自己肯定感を高める365の言葉

......

少しずつ自分を好きになる心の習慣

トロイ・L・ラブ 著　山藤奈穂子 訳

この本でできること

この本には、**自己肯定感に欠かせない**、**自分を大切にする心（セルフ・ラブ）**を育てるのに役立つ知恵とヒントを365日分、収録しています。
名言、自己肯定の言葉、かんたんなアクティビティなどで、人生を振り返りながら不安を解消し、自分に感じる価値（セルフ・イメージ）を高めましょう。

◆ 自分を大切にするように

ちょっとした文を書くことで気持ちを変えていく練習から、マインドフルネスにもとづく瞑想まで、さまざまな方法で自分を大切にするくせをつけます。

◆ ちょっとした喜びを重ねる

自分自身をデートに誘ったり、人生の小さな勝利を祝ったり、といった習慣を身につけるのは楽しいものです。

◆ よくない考えにとらわれない

「自分なんてだめだ」といったネガティブな思考パターンから脱け出すのに効果的な方法を紹介しています。

＊実際に元日でなくとも、1月1日のページから始めてかまいません
＊名言の引用元である洋書について、訳者や出版社の記載がないタイトルは、日本版が刊行されていないか、本書独自訳としたものです

この本をわたしの子どもたちに捧げる。
きみたちのきらめく才能やエネルギー、愛が
わたしの毎日を恵まれたものにする。
昨日の自分よりも、よりよい自分になりたいと
奮い立たせてくれる。

A Year of Self Love   by Troy L. Love
Copyright © 2019 by Rockridge Press, Emeryville, California
First published in English by Rockridge Press, an imprint of Callisto Media, Inc.

Japanese translation copyright © Yamafuji Naoko

Japanese translation rights with Callisto Media, Inc., Emeryville, California
through Tuttle-Mori Agency, Inc.

目次

はじめに

　19歳のとき、こんな言葉に出会いました。「自分を愛せなければ、人を愛せない」。すぐに、「そんなはずはない！」と反発したものです。「自分は思いやり深い人間だ。友達も家族も大好きだし、出会ったすべての人に親切にしている。どんな人にも笑顔で接しているのに！」と。

　でも、その仮面の下では、いつも落ち込んでいました。死にたいという思いさえありました。自分を恥じる気持ちでいっぱいでした。頭では、みんなが自分を大事にしてくれているとわかっていましたが、心では「わたしなんて、そんなふうに思ってもらえるような価値のある人間じゃない」と思っていました。

　「自分を愛せなければ、人を愛せない」だなんて、嘘だと思いたかった。しかしあるとき、気づいたのです。「わたしは人を愛せる。たとえ自分を愛していなくても。だけど問題がある。今のままでは、人に愛されても気づかないだろう。気づいても、その愛を受け取らないだろう。そしていつか、まわりの人たちもうんざりして、『きみには愛される価値がある』と言おうとしなくなる。そうやって、名実ともに愛されない人間になってしまう」

　さらに考えてみました。心の仮面を取って弱さや苦しみを見せること、人に愛されることを拒んでいたら、自分のまわりに壁ができてしまいます。もっと落ち込み、死にたくなります。どんどん孤独になるのです。たとえ、どれだけまわりに笑顔を向け、優しく親切に振る舞ったとしても。

　人生を楽しむためには、自分を愛さなくてはならない、つまり、大切にしなくてはならない。自分を大切にするというのは、「わたしには愛される価値がある、大切にされる価値がある、居場所が

ある」と信じることです。生まれながらにして才能や能力があると信じ、成長させようとすることなのです。そして、傷ついてもいいから心を開くということでもあります。一方で、他者と自分のあいだにきちんと境界線を引き、必要なときには「いやだ」と言うことです。なぜなら、人は愛する者のために立ち上がり、守ろうとしますが、その愛する者には自分のことも含まれるはずなのです。

　そう気づいたわたしは、精神科ソーシャルワーカーとして、25年以上の経験を積むことになりました。この世に、より大きな愛、温かな希望の光、癒やしをもたらすのが使命だと考えています。

　自分を大切にするのは、わがままではありません。自分を大切にするというのは、「おまえはだめな人間だ」と心のなかでささやく声に立ち向かえる力（**レジリエンス**）を育てることです。自分を偽ったり、人を欺いたり、心を閉ざして壁をつくったりする必要はありません。自分が完ぺきではないことを受け入れられたら、まずは自分自身に優しくでき、そして人にも優しくできます。わたしたちは、人に対してよりも、自分自身に対して、ずっときつい言葉を浴びせるものですが、自分を大切にする練習をすると、奇跡が起きます。自己批判をしなくなり、それによって人のことも批判しなくなるのです。

　自分を大切にするのは、うぬぼれでもなく、虚勢を張ることでもありません。人を見下すことでもなく、自己中心的になることでもありません。だからといって自分を後回しにもしません。価値のない人などいません。お荷物な人などいません。自分を疑って恥じる気持ちにとらわれていないとき、そして自分を偽っていないとき、もっとまわりの人と心が通い合います。自分を大切にできると、堂々と自分らしくどこにでも出ていけます。

さて、本書を通じて、**心の古傷、自分を責める心の声（もうひとりの自分）**といった言葉がよく出てきます。これから自分を大切にする1年を始めるあなたに、前もってご紹介しておきましょう。

　身近な人との関係において心に受けた傷[※1]は残りやすく、大きく分けて6つあります。大切な人を失ったときの傷、近しい人に拒絶されたときの傷、無視（ネグレクト）されたときの傷、裏切られたときの傷、見捨てられたときの傷、虐待されたときの傷です。人は生まれながらにして、人との温かなかかわりを求めます。それが断ち切られ、損なわれたとき、恐ろしい痛みを感じます。さらには、自分でその傷を悪化させることもあります。そしてついには、自分自身を拒絶し、自分にとって必要なことを無視し、真の自分を裏切ります。自分を見捨て、虐待するようにさえなります。
　わたしは、愛情、そして人とのつながりが、この傷を癒やす唯一の方法だと学びました。本書は、自分を愛し、大切にする方法を毎日ひとつずつ実行できるようになっています。「そのままのあなたでいいんだよ」と自分を受け入れ、過去や未来にとらわれず、今ここにありのままでいられるようにサポートし、自分に優しさと思いやりを向ける練習方法を紹介しています。これによって、まわりを思いやり、**コンパッション**[※2]を持てるようになります。

　ここしばらく自分に優しくしたことなんてないという方にとっては、初めは難しいかもしれません。でも、あきらめないでください。自分で自分を恥じる気持ちの暗い部分、心の奥底にあるネガティブな思い込みが、あなたを恐ろしく批判し、攻撃していることでしょう。そんなふうに、心のなかにいるもうひとりの自分から責め続けられると、自分には価値なんてない、自分には何の力もないと感じ、情緒が不安定になり、自分も人も信じられなくなります。

この心の声は、完ぺきであることをも求め、「おまえなんかだめだ」と叫びます。無力な弱虫だとささやき、やる気をくじきます。「おまえに何が必要かなんて、他の人に比べたら、くだらないことだ」と言いつのります。「仮面をつけろ。自分の気持ちを隠せ」と勧めてきます。自暴自棄な行動に走らせることもあります。こうして、人とのつながりから、愛やコンパッションから、わたしたちを切り離すのです。

　ですが、悪い話ばかりではありません。**ネガティブな気持ちは、あなたそのものではありません。**あなたは太陽のような温かさと強さを持っていて、愛される価値がある存在です。本書はさまざまな名言、コツやヒント、かんたんなアクティビティなどを1日ひとつ、お伝えします。毎日、自分を大切にしていいのです。物事がうまくいっていないと感じたら、そのときこそ自分に優しくすべきタイミングです。

　この本を通じて、あなたの心が穏やかになり、愛情と思いやりを感じられますように。真実を見つけられますように。あなたは、愛に値する人なのです。

※1　子どものいちばん身近にいる大人（たいていは親）が、子どもの心身の安全を守り、ほっとできる居場所のような存在となり、子どもが安心して外の世界に向き合えるとき、子どもの心に安定した「愛着」が形成され、まわりに対する基本的な信頼感、自己肯定感が育つ。この過程が何らかの理由で損なわれると、心に深い「愛着の傷」が残る

※2　コンパッションは、人や自分の苦しみに気づいて、それを軽くしてあげたいと願い、そのために行動しようとすること。またはその思いやり、優しさ。とくに自分を慈しむ「セルフ・コンパッション」がアメリカの心理学者クリスティン・ネフ博士などによって研究され、日本では、自己肯定感を高める方法のひとつとしても知られる

1月

♥

1月

1日

~~~~~

　新しい1年の始まりです！　目標を立て、今度こそがんばるぞと自分に言い聞かせても、やる気は数週間で失せ、三日坊主になることすらあります。

　違うやり方を試してみませんか？　大切にしたいことをひとつ、決めましょう。喜び、愛情、思いやり、健康、幸せ、心の広さなど、これからの1年、もっとたくさん感じたいことは何でしょう。それを一言で表し、書きとめます。その言葉を書いたメモを鏡に貼ってもいいし、SNSに投稿するのもいいですね。そうして、12か月後にやっと少しだけ感じられたのだとしても、一歩前進です。大成功です！

1月

2日

~~~~~

一時の感情に駆られての行動ではなく、
小さな努力の積み重ねが、
素晴らしい結果をつくる。

フィンセント・ファン・ゴッホ

1月
3日
~~~

　自分を大切にするために必要なものを、以下からひとつ、選びましょう。そして、それがあなたにとってどんなことを意味するのか、考えてみてください。

❏ 勇気　　　　　　　❏ 自分を許すこと　　　❏ 真実
❏ 信頼　　　　　　　❏ 共感　　　　　　　　❏ マインドフルネス※2
❏ レジリエンス※1　　❏ 感謝　　　　　　　　❏ 心の知能※3
❏ 成長　　　　　　　❏ 心と体の栄養　　　　❏ 人とのつながり

※1　心の回復力。困難に立ち向かい、落ち込むことがあっても回復できるような弾性を持つこと
※2　五感を使い、目に見えるもの、まわりの音、香り、手触り、味など、今この瞬間確かにここにあるものに気づき、善悪を判断することなく受け入れること。過去や未来について思い悩む状態から脱すること。ストレス軽減などの効果が注目され、科学的な研究や医療への応用が進むアメリカでブームとなっている。日本でも、企業研修などでの採用が増えている
※3　自分やまわりの人の感情を把握したり、感情を調整したりできる能力。その指標を「心の知能指数」（EQ：Emotional Intelligence Quotient）と呼ぶ

1月
4日
~~~

　今日は楽しみましょう！　文房具店、あるいは書店に出かけます。これから1年の「心の旅」でお供になってくれるノートを買いましょう。お気に入りのイラストがついたかわいいノートでもいいですし、シンプルなリングノートでもかまいません。この1年、進捗を書き残していきましょう。考えたことや感じたことを書きとめていくと、今まで知らなかった自分に出会えます。

〜〜〜

　この本を読み進め、気づいたことや考えたことを書きとめていくと、いつしか苦しくなってくるかもしれません。その苦しみを無視して、なかったことにしたくなるでしょう。でも、それは成長があるからこそ、感じる痛みです。そう考えてみては、いかがでしょう。

〜〜〜

　自分を大切にするのは、わがままではありません。人は誰もが大切な存在で、愛される価値があります。優しくされる価値があります。自分に優しくしてもいいのです。そうして初めて、過去にとらわれることなく、人を大切にできるのです。

1月

7日

〜〜〜

　イモムシは段階を踏み、神秘的にチョウへと変身します。あなたも、心の影や傷、痛みをごまかす振る舞いという「殻」に包まれたサナギなのかもしれません。「誰かが殻からわたしを引っぱり出して、自由にしてくれたらいいのに」と思っているかもしれません。でも成長すれば、サナギの殻はきゅうくつになって、自分でその殻を破り、チョウのように飛び出せるはずです。

　あなたにとっての殻は何でしょう？　ノートに書きましょう。その殻を脱いだら、どんな気持ちになるでしょうか？

1月

8日

〜〜〜

正直であれ。
それこそが自分を大切にする
いちばんの方法だ。

ジェイムズ・ラッセル・ローウェル

〜〜〜

　誰かから優しい言葉をかけてもらえるとしたら、どんな言葉がいいでしょうか。思い出してみましょう。今までに優しい声をかけられて、心が動いたときのことを。心が明るくなったり、自分を大事に思ってくれる人がいると気づいたときのことを。鏡に向かって優しい言葉をささやいてみましょう。どんな気持ちになりますか?

〜〜〜

　自分を大切にする時間ってなかなか取れませんよね。心のなかにいるもうひとりの自分は、ささやいてきます。「自分のために時間を使うなんて、ただのわがままだよ」「自分じゃなく、まわりの人を大事にしないと」
　心のなかで、「今日は自分を大切にしてもいい」という許可証を発行して、ハンコを押しましょう!

1月
11日
~~

わたしは、太陽のように
愛情や輝きでまわりを照らす。

1月
12日
~~

　わたしたちの体は、とても精巧につくられています。ジャンクフードを食べ続けたらどうなるでしょう？　体に適切な栄養を補給するのは、自分を大切にする方法のひとつで、一生分の価値があります。今日あなたが食べたものは、脳と心と体の栄養になるものでしょうか？　心と体が喜ぶ食品、ずっと満足感が続く新鮮な食べ物をリストアップしてみましょう。

1月
13日
〜〜〜

　教育者であり作家のジョン・ブラッドショーはこう言いました。「人は愛するものに時間をかける」。自分の大切な人のために、どれだけ時間を割いているか考えてみてください。時間もかけないし気にもかけないとしたら、「あなたにそこまでの価値はない」と相手に言っているようなものですよね。自分をいたわるために、どのくらいの時間をかけているか考えてみてください。「わたしは、時間をかけて気遣う価値がある人間だ」とはっきり自覚するために、何をすればいいでしょうか？

1月
14日
〜〜〜

　頭のなかで、もうひとりの自分が、声高にあなたを叱りつけます。「どうしてそんなことをしたの?」「そんなことをしている場合じゃないでしょう！」「それ、似合わない」「太りすぎ」「やせすぎ」「もっとがんばりなさい」。それはどんな声でしょうか？　声の主はどんな姿をしていますか？　目を閉じてその姿を想像します。

　今日は、その声の主が何回くらい現れるでしょうか。その訪れに気づいたら、「来たな。わたしは、おまえの言葉なんて信じない。わたしは自分を大切にする。優しくする」と繰り返しましょう。

1月
15日

~~~

もうずっと何年も、自分を責めたり批判したりして傷つけてきた。
でも何も変わらなかったよね。
今度は自分のいいところを認める番。
どうなるか試してみて。

ルイーズ・ヘイ『ライフ・ヒーリング』（原題 "You Can Heal Your Life"）

1月
16日

~~~

　わたしたちは、「自分はだめだ」と思い込み、自分を責めてしまうことがあります。その思い込みから自由になるには、本当のことを見つければいいのです。心のなかにいるもうひとりの自分が、あなたの失敗を責めてきたら、今ここにある、手で触れられる本物を探しましょう。見て、聞いて、手触りを確かめ、匂いをかぎ、味わいましょう。批判も判断もせず、ありのままを。

　今ここに確かにあるものがわかれば、事実を踏まえて、どうすればいいかを判断できます。ネガティブな思い込みから逃れられます。

　思い込みにすぎないのか、事実なのか、見極めましょう。

1月
17日
〰〰

　自分を大切にするのは、わがままではありません。心が広くなり、思いやりと優しさがまわりに広がります。家族、友達、見知らぬ人へとその輪が大きくなります。自分を大切にすると余裕が生まれ、もっとまわりを大切にできます。

1月
18日
〰〰

　怖くて、不安で、先延ばしにしてきたことはありませんか？　そのいやな気持ちから目をそらさず、まっすぐ見つめたとき、あなたのなかにある強さに気づくはずです。自分を信じて、一歩踏み出しましょう。どんなことが起きるでしょう？

1月
19日

〜〜〜

騒がしさと忙しさのただなかでも、
心穏やかでいよう。
静けさのなかに、心の平和があることを
忘れないでいよう。

マックス・アーマン「デシデラータ」（原題 "Desiderata"）※

※1920年代に書かれた散文詩で、アメリカではカードやポスターに使われ、出版されて読み継がれている

1月
20日

〜〜〜

どうか自分に
優しくできますように。

1月
21日
〜〜〜

　心と体に必要なものを届ける方法があります。それは、水を飲むこと。今日は水を飲んで、自分をいたわる練習をしましょう。水は体をきれいにして、元気を与え、満たします。お金もかかりません。水道水、ウォータークーラーの水でかまいません。

1月
22日
〜〜〜

　胸のまんなかにある胸骨と、おへそのあいだ、横隔膜のあたりに両手を置きます。中指の先がお腹の中心でかすかに触れるようにします。それから深呼吸をします。お腹にある風船を膨らませるイメージです。息を吸い込み、お腹が膨らむと、中指が離れます。ゆっくり息を吐くと、中指の先がまた触れ合います。

　こんなふうに深呼吸をすると、脳が「すべて世はこともなし。安全だ」という信号を受け取り、緊張が緩みます。今日1日、何回かこんなふうに深呼吸をしましょう。

1月

23日

~~~

うつむくのはやめて、空を見上げましょう。空はどんな色？　雲はどんな形？　その美しさを胸いっぱい吸い込みましょう。世界中が、あなたに微笑みかけていると想像してください。あなたにどのようなメッセージを送っているでしょうか？

1月

24日

~~~

つらいとき、「ああ、今わたしはつらいんだ」と気づきましょう。それは弱さではありません。逆なのです。自分がつらいことに気づくと、どうしたいか選べます。

傷ついたとき、「ああ、今わたしは傷ついているんだ」と気づきましょう。そして自分に優しくしましょう。自分をぎゅっと抱きしめましょう。温かな手のひら、あるいはひんやりする手のひらで顔を優しく包みましょう。首すじや肩を優しくさすってみましょう。つらく、苦しいときも、あなたは自分を癒やす力を持っているのです。

1月
25 日
〜〜〜

　夢を可視化するコラージュ、「ビジョン・ボード」を知っていますか？　やり方はかんたん。チャレンジしてみたいこと、大事にしたい気持ち、がんばってかなえたい目標を表す画像をインターネットで探します。印刷し、切り抜いて、大きな画用紙やコルクボードに貼ります。そして、毎日目にするところに飾ります。見るたびに、自分に問いかけます。「この夢に向かって一歩近づくために、今日できそうなことは何だろう?」

1月
26 日
〜〜〜

　朝寝坊っていいですよね。朝、目が覚めて布団から出る前にこんなことを試してください。
　体を起こす前に、深呼吸をします。目を閉じて、シーツの肌触りを足で感じます。温かくて、さらさらしていますか?　ほんの数秒、朝寝坊するぜいたくな気持ちを五感で味わってみましょう。

1月

27日

～～～

自分を宝物のように大切にできれば、
同じ分だけ、
他の誰かを宝物のように大切にできる。

1月

28日

～～～

　今日は1日を通して、マインドフルネス（1月3日参照）を実践しましょう。

　椅子に座っているなら、腰や足が椅子に支えられている感触をあらためて意識してみます。一定のリズムで繰り返す呼吸へと、意識を向けてみます。感情や動作によって、呼吸がどんなふうに変化するかがわかるでしょう。

　まわりの音に耳を傾けます。ふだんは気づかないような小さな音から、耳をふさぎたくなるような大きな音まで。そして、色、景色、人に注意を向けます。あるいは、手触りを意識します。しばらく何もせず、時が止まったようななかで、何もがんばることなく、ただここにいることを自分に許します。

29日

自分に正直になり、
自分を大切にすれば、
前に進んでいける。

ジェイムズ・ラッセル・ローウェル

1月

30日

　自信が持てなくて、手をつけられずにいる目標はありませんか？ 「自分にできるわけがない」と感じている理由を書きましょう。それは100％正しいのでしょうか。この目標達成に役立つ自分の強みを3つ、書いてみましょう。

1月
31日

〜〜〜

　考えることで、勇気や創造力が生まれ、行動する力がわきます。でも、考えることで、傷つき、力が奪われることもあります。もっとポジティブな気分でいたいときには、考え方を変えなくてはなりません。あなたの頭を支配しているのはどんな考えでしょうか？　あなたの役に立つ考えとはどんなものでしょうか？　あなたの勇気をくじく考えはどんなものでしょうか？

　今日は、頭に浮かんだ優しい考え、愛情に満ちた考え、ポジティブな考えをすべて実行に移してみましょう。どんなことが起こるでしょうか？

2月

2月

1日

〜〜〜

　笑うと、緊張が緩み、ストレス反応が和らぎ、免疫力が高まり、幸せを感じます。笑いは心の特効薬です。自分のためにいいことをしましょう。笑いましょう。うまく笑えないときは、おもしろい動画やお笑い番組を見てもいいですね。いったん笑い始めたら、止まらないかもしれません。

2月

2日

〜〜〜

　自分を大切にするというのは、自分をコントロールすることでもあります。それは、成長できるよう、自分をがんばらせたり抑えたりすることです。時間泥棒や集中力を削ぐものに「ノー」を突きつけ、自分にプラスになるチャンスに「イエス」と答えます。それが、自分を大切にすることになるのです。

2月

3日

〜〜〜

　紙を用意して、タイマーを5分にセットします。人生でこれまで成し遂げたことをすべて書き出します。きれいにまとめる必要もなければ、履歴書のように順番通りに書く必要もありません。アラームが鳴るまで、頭に浮かんだことを書いていきます。どんなささいなことでもかまいません。

　5分たったら、次はタイマーを10分にセットします。じっくりとリストを読み返し、それぞれ記憶をたどります。

　これをきっかけに、他にもうまくいった経験を思い出したら、それもリストに書き加えます。最後に、できあがったリストを眺め、「わたしはこんなにがんばったんだなあ」と自分を褒めましょう。あなたは、こんなにも素晴らしい人なのです！

2月

4日

〜〜〜

　ふだん無意識にしていることで、1日を台無しにするものは何でしょうか。リストにしてみましょう。自分にとってよくないものを見極め、それから距離を取って自分を守りましょう。たとえば、無理な頼みごとを「できません」と断ることも、そのひとつです。

　心苦しいかもしれません。でもこれは自分のための大切な選択なのです。

2月

5日

〜〜〜

勇気を出して、人に助けを求めましょう。
それでいいんだよと言ってほしいとき、
なぐさめてほしいとき、安心したいとき、
人に頼っていいのです。

2月

6日

〜〜〜

習慣にしたいことをひとつ選びます。1日の終わりに、できたかどうかを確認してカレンダーなどに印をつけましょう。できたら自分を褒めます。できなかったときも自分を責めずに、「大丈夫だよ。明日がんばろう」と優しく接します。習慣が身につくには何週間も、何か月もかかるものです。明日はまた、新しい1日が始まります。もう一度挑戦すればいいのです。

喜びを心のままに表現するのは、気恥ずかしかったり人の目が気になったりしますよね。でも、笑顔になって「やった！」と喝采をあげ、ガッツポーズやハグで喜びを表してもいいのです。「今日は喜びを表に出してもいいよ」と自分に許可しましょう。

2月

8日

今日は体にいいことをしましょう。体を動かし、エクササイズをします。ほんの数分でかまいません。エスカレーターの代わりに階段を使う、雑草を抜く、資源ごみを出しに行くなどでもいいのです。自分の体が持つ力に気づき、体が自分のためにしてくれることに感謝しましょう。

2月 **9**日

～～～

　自分を大切にするために、自分の感情に気づけるようになりましょう。感情をしまい込み、押し殺していると、それが体の痛みや不快感となって表れ、その原因に気づけません。でも練習すれば、身体感覚がどの感情から生まれたのか、わかるようになります。

　そのためには「映画トレーニング」がお勧めです。泣ける、怖くなる、感動するなど、自分の反応が予想できる映画を見ます。それから目を閉じます。その感情に名前をつけ、体のどこにどんな感覚があるのか気づき、言葉にします。たとえば、「悲しい気持ちだ。胃のあたりが重くて、目のまわりが引きつる」というように。

　リラックスできる環境で、このトレーニングを数分続けると、どの感情によってどんな身体感覚が生じるかがわかり、次にその感覚があったとき、すぐに気づくようになります。気づいたら、その悲しみ、恐怖、怒りなどの原因やきっかけを探しましょう。そうすることで、どうして自分が反応したかを理解でき、対処しやすくなるはずです。

2月 **10**日

～～～

　自分を大切にする練習を続けていることを祝いましょう！　毎日、この本を開いている自分を誇りに思い、「がんばっているね」と褒めましょう。

2月
11日

〜〜〜

　忘れないでください。あなたはこの世界で小さな存在かもしれませんが、だからといって取るに足りない存在だというわけではありません。

　あなたが人に優しくしたとき、それがどんなにささやかなことだったとしても、その人は「自分も誰かに優しくされる価値があるんだ」と気づきます。この小さな行為が優しさの波紋となってずっと遠くまで広がり、自分という枠を超えていきます。今日は誰にどんな親切なことができますか?

2月
12日

〜〜〜

あなたのせいではない。
この世には定めがあり、
定めの通りに世は動く。

マックス・アーマン「デシデラータ」(原題 "Desiderata")

～～～

　あなたは完ぺきではありません。誰もがそうです。ときには失敗することもあります。誰でも同じように。でも、あなたは、**あなたです。** この世界にあなたとまったく同じ人は他にいません。あなたにしかできないことがあり、あなたにしかない価値があります。あなたは失敗から学ぶことができます。完ぺきじゃつまらない。あなたは今のあなたのままで、じゅうぶんです。

～～～

　道路の端に、迷子のペットがいます。汚れて、お腹を空かせて、ひとりぼっちです。車に乗ったあなたは、「きっと誰かが何とかするだろう」と通り過ぎるでしょうか。それとも車を停めて手を差し伸べるでしょうか。迷子のペットをさっと助けられるのは、どんな人だと思いますか?

　優しい、意志が強い、行動力があるなど、どんな性格か書き出してみましょう。あなたも、そういう人になれる力を持っています。このかわいそうなペットに対してだけではなく、他の人やあなた自身にとっても、そういう人になれるのです。書き出した性格特性を行動で表すために、何ができるかを考えてみましょう。

2月
15日

〜〜〜

　自分で自分をデートに連れていったのはいつが最後でしょうか？　手帳を開いて、デートの日時を決めましょう。自然豊かなところに出かけるのもいいですし、リラックスして元気を取り戻せるようなマッサージを受けに行くのもいいですね。趣味に没頭するのもいいかもしれません。楽しいこと、リラックスできること、わくわくすることを選びましょう。

2月
16日

〜〜〜

あなたがいきいきして、
目が輝くのは、何をしているとき？
5分間、思いつくままノートに書き出して。

2月
17日
〜〜

　より健康な心と体のために、日々の生活のなかで大切なことが3つあります。

　1つ目は体を動かして、体を大切に扱うことです。スポーツジムに通うだけではありません。自然のなかを歩く、踊る、ガーデニングをする、犬とボール投げをして遊ぶなど、運動を求める体の声に応える方法は、数えきれないほどあります。

　2つ目は家族や友達との時間を過ごすことです。習慣になっているようなものでも、イベントでも、どんなものでもかまいません。

　3つ目は、夢に向かって努力すること。毎日少しずつ、夢や目標に近づくためにがんばることが大切です。

　この3つについて、それぞれ考えてみましょう。すでに日課になっていて、うまくいっているものはありますか？　もう少し自分を大切にするために、増やせそうな習慣はありますか？

2月
18日
〜〜

　人はときに自分を責め、非難します。心のなかで自分の悪口を叫び、体の欠点に泣き、ひどいことを言ってけなします。これは「いじめ」そのものですよね。自分をいじめてしまう人は、過去に心を深く傷つけられた人です。あなたがもし自分をいじめているとしたら、手当てするべき傷がそこにあるということです。大切にされなくてはなりません。だから今日は、内なるいじめっ子を追い払いましょう。そして、自分に優しい言葉をかけましょう。

28

2月

19日

~~~

無意識を意識化しない限り、
無意識は人生をあやつる。
人はそれを「運命」と呼ぶ。

カール・ユング

2月

20日

~~~

　心配なことをノートに書いてみましょう。書きたくないときは、無理しないでください。書きとめられたら、ノートを閉じて他のことをします。1〜2日間は、そのページを見ないでください。

　数日たったらノートを開きます。さて、心配だったことはどうですか？　前と同じ気持ちですか？　今も心配ですか？

2月
21日
〜〜〜

　前向きな考え方は、自分を大切にする「心の旅」において強力なツールになってくれます。今日はそれを使ってみましょう。

　ネガティブに考えている自分に気づいたら、ちょっとがんばって、ポジティブなことを考えてみてください。かんたんではないかもしれませんが、あなたにはその力があります。

2月
22日
〜〜〜

　目を閉じ、ゆっくりと呼吸をして、静かに考えてみましょう。

　「自分は愛されるに値する存在だ」「自分には居場所がある」と、100％心から信じきれたら、毎日はどんなふうに変わるでしょうか？　どれだけ心を開いて人の愛情を受け入れられるでしょうか？　どんなふうにまわりの人を愛せるでしょうか？

2月
23日
~~~

恥、自分らしさ、人とのつながりについての研究を
20年続け、はっきりわかった。
自分を大切にするのは何より難しく、勇気がいる。

ブレネー・ブラウン「ミドルエイジを解きほどく」
（原題 "The Midlife Unraveling"）

2月
24日
~~~

必要なものはすべて、
手の届くところにある。
ありあまるほど。
そのただなかに、わたしはいる。

2月
25日
~~

　今よりもっと傷つきやすかったころのあなたを思い出してください。苦しみ、傷つきながら成長し、自分についてたくさんのことを学んだはずです。何を学びましたか？　そのときと比べて自分が強くなったと感じますか？

2月
26日
~~

　考え方や気持ちを変えるのに、効果的な方法があります。自分に対して「わたしは」ではなく「あなたは」と語りかけるのです。
　たとえば、「わたしはきっとできる。だって今週ずっと練習してきたから」と言い聞かせるのではなく、「（自分の名前）、あなたは、きっとできる。だって今週ずっと練習してきたじゃない」と語りかけます。ふしぎなことに、こうして「あなたは」と呼びかけるだけで、気分が上がり、より幸せな気持ちになり、前向きになり、目標に向かってがんばりやすくなります。

2月

27日

~~~

常に正しいことをしなさい。
そうすることで、あなたを愛する人もいれば
きらう人もいるでしょう。
それでも、正しいことをしなさい。

マーク・トウェインとレフ・トルストイによるものと考えられているが、
出典は不明

2月

28日

~~~

　人が、自分の体と命にとってよい選択ができるのは、愛や思いやりのなかで心が安らいでいるときです。思いやりの眼鏡を通して世界を見てください。自分に優しくしてください。自分の感情を意識し、表に出すことを自分に許してください。きっと体に変化を感じることでしょう。

3月

♥

3月

1日

~~~

失敗とは、もっと賢い方法で 再挑戦をするチャンスだ。

ヘンリー・フォード

3月

2日

~~~

わたしたちは今、成長し、変化し、なりたい自分になりつつあります。ときには、目指す先があまりにも遠くて、決してたどりつけないのではないかと感じることもあるでしょう。

この取り組みを、160kmのウルトラマラソンだと考えてみましょう。スタート地点に立って、「今日これから160km走るんだ」と思うのではなく、「最初の給水所まで何分かな」と考えながら走るのです。そこにたどりついてから、次の給水所のことを考えます。道中にはずっと、あなたを励まし、飲み物や食べ物を渡し、転んだら助けてくれる人がいます。数kmずつがんばればいいのです。

～～～

　自分を責める心の声は、「ありのままの自分では、誰にも認めてもらえない」とあなたに思い込ませます。でも、自分を偽って褒められたり認められたりしても、苦い気持ちが残ります。心からうれしいとは感じられません。本当のあなたに対して寄せられた賞賛ではないからです。

　自分を偽っていないか、どうしてそうさせられているのか、考えてみましょう。仮面を外してありのままの自分を見せることができたら、どんな気持ちになるでしょうか？

～～～

人は……自己を、その思考と感情を、他から切り離されたものとして体験する。意識の錯覚だ。その錯覚は一種の監獄であり、自らの願望や身近な人への愛情しか感じられなくなる。我々はこの監獄から自らを解き放つことを課題とするべきだ。そのためにはコンパッション※の輪を広げ、すべての生物と自然の美の恵みをありのままに受けとめる必要がある。

アルバート・アインシュタイン
※思いやりや優しさを向けること

3月

5日

〜〜〜

「愛しています、ごめんなさい、許してください、ありがとう」(I love you, I'm sorry, Please forgive me, Thank you)。これは、ハワイに古くから伝わる許しの手法、ホ・オポノポノの言葉です。これで、心を開き、愛を受け入れられるようになります。この言葉を繰り返して、体にたまったネガティブなエネルギーを外へと解き放ちましょう。

3月

6日

〜〜〜

足るを知る者は富む。
（満足することを知っている者の心は豊かである。）

老子

3月

7日

~~~

　自分を大切にするために、ふだん頭のなかでどんなストーリーをつくっているか、気をつけてみましょう。

　自分の考えに気づく練習をしましょう。その考えは正しいでしょうか？　ゆがんでいないでしょうか？　間違ってないでしょうか？　一歩立ち止まり、ストーリーに筋が通っているか、確かめてみましょう。

　誰かに話して、その考えが正しいのかどうか聞いてみてもいいですし、自分で振り返ってもかまいません。「この考え方は偏っていないかな」と確認するくせをつけましょう。

3月

8日

~~~

　誰かが何気なく優しくしてくれたときのことを思い出してみましょう。どんな言葉をかけてくれましたか？　どんな声のトーンでしたか？　どんな感情を見せてくれましたか？　優しくあなたに触れてくれましたか？　思い出すと、どんな気持ちになりますか？

3月
9日

~~~~

自分を許しましょう。だめなら、だめなままでいいのです。今日できないと思うなら、できなくていいから、その気持ちをじっくり感じればいいのです。「これをやりたい」という青写真を持ったまま、未完成のままでいればいいのです。うまくできないと感じるときこそ、成長しているのです。その感じを大事にしましょう。

ラルフ・デ・ラ・ローサ『脳のなかのサルはあなたにメッセージを届ける』
（原題 "The Monkey is the Messenger"）

3月
10日

~~~~

行ったことのないレストランに行きましょう。食べたことのないメニューを試しましょう。大好きになるかもしれません。好きなものの幅が広がり、新しい発見があるかもしれません。好きになれなかったら、もう食べる必要はありません。自分についてひとつ新しいことを学べます。

3月
11日

〜〜〜

人と分かち合えば悲しみは半分になる。
人と分かち合えば喜びは倍になる。

出典不明

3月
12日

〜〜〜

脳は筋肉と同じように、鍛えられるものです。使えば使うほど、脳が成長して変わっていきます。ずっと学びたかった語学レッスンを申し込む、パズルを解く、新しい話題を扱った本を読む。何だってかまいません。今日は脳を鍛えましょう。

　拒絶されるのが怖いのは、過去の経験のせいです。断られそうだから頼むのをやめようと思うのは、心の古傷が開くのではないかと不安になるからです。でも、拒絶されるのを怖がってばかりいると、心を開いて弱音を吐けません。たとえ、そうする必要があるときでも。

　こんなことを試してみましょう。絶対に断られそうなことを人に頼んでみるのです。レストランでお代わりを頼む、という小さなことでもいいし、見知らぬ人にハグを頼んでみるのもいいですね。きっと断られます。でも、あなたなら大丈夫です。断られたときの心の持ちようを身につけるのが、第一歩です。そこからは、どんな結果になるかわからないときにも、心を開いて新しいことへと飛び込めるでしょう。

わたしは直感と本心を信じる。

3月

15日

〰〰

　今日は、ふだんあまりかかわらない人に話しかけましょう。しばらく会っていない友達や家族、あるいはもっと仲良くなりたい同僚はいませんか？　明るい雰囲気を持った人を見つけて、その人のそばで過ごしましょう。新しい知り合いや久しぶりに会う人と親睦を深めましょう。どんな気持ちになるでしょうか？　きっと相手もあなたと同じように、その気持ちを楽しんでくれることでしょう。

3月

16日

〰〰

　あまり認めたくない自分の欠点について考えてみましょう。それは体の特徴でしょうか。それともある行動や、好きになれない性格でしょうか。頭に浮かんだ考えや感情をノートに書いてみましょう。気づく練習をするだけでかまいません。自分を責めたくなるのか、自分に優しくできるか、ただ見てみましょう。気づくだけでいいのです。

~~~~~

ほんの少し勇気を出して、
もう一度だけ立ち上がり、愛を信じる。
いつだって、もう一度。

マヤ・アンジェロウ

~~~~~

　今日、誰かにイライラしたら、ちょっとよく考えてみましょう。体ではどんなことが起こっているでしょうか。「こんなふうになるんだ。知らなかった」と自分に声をかけます。好奇心を持って、一歩引いて、自分のなかで起こっていることを客観的に眺め、「どんな感じ？」と尋ねます。

「自分のせいだ」「わたしのことがきらいなんだ」と自分のことと相手の言動を関連づけて見るのではなく、自分の体の感覚、考え、感情がどんな感じなのかをただ観察します。短い時間でかまいません。ほんの数秒でもいいので、自分に好奇心を向けてみましょう。心が穏やかに、静かになります。

19日

~

ありのままのわたしを信じ、
「このために生まれてきたんだ」と
感じることを信じる。

3月

20日

~

DJになったつもりで、お気に入りの曲をかけましょう。メロディーに合わせて大きな声で歌ってもいいですし、ハモってもかまいません。踊ってもいいのです。ビートに合わせて体を揺らすだけでもいいですね。目を閉じて、頭に浮かんでくる色や記憶を味わいます。

3月

21日

〜〜〜〜

　誰もが心に傷を負っています。拒絶され、大切な人を失い、無視され、見捨てられ、裏切られ、虐待されてできた傷です。その傷を治そうとすることは、すなわち、自分を大切にすることです。

　最初のステップは、その傷に気づくこと。次のステップは人に助けを求めること。信頼できる友達や家族、あるいは専門知識と温かな思いやりを持って真剣に耳を傾けてくれる第三者が、あなたの傷を癒やす薬になってくれるかもしれません。

3月

22日

〜〜〜〜

弱き者は人を許すことができない。
許すためには強さが必要だ。

マハトマ・ガンジー

3月

23日

~~~

　心のなかにいるもうひとりの自分が、あなたのことを悪く言ったら、それに対抗するような自分のいいところをノートに書きましょう。少なくとも5つ。

3月

24日

~~~

　わたしたちの知るなかでもっとも美しい人は、失敗し、苦しみ、闘い、失い、その底から抜けだす道を見つけた人です。彼らは感謝し、人の苦しみを感じ取り、人生を理解し、その人生は、優しさ、思いやり、慈愛に満ちています。美しい人は、生まれながらに美しいわけではないのです。

エリザベス・キューブラー・ロス

3月
25日
~~~

　まわりの愛情やサポート、人とのつながりがあると、心の傷は早く癒えます。最近のことを思い出してみましょう。前進したこと、達成したこと、うまくいったことはありませんか？ 「やったね！」と祝い、「がんばった！」と自分を褒めましょう。そしてできれば、親しい人といっしょに祝いましょう。

3月
26日
~~~

　今この瞬間、自分のまわりに確かに存在しているものだけに目を向けましょう。わたしたちはどうしても心ここにあらずになり、過去、未来のことを思い悩みます。一方で、この世界は奇跡に満ちていて、毎日必ず、その恵みに気づく機会があります。

　ちょっとがんばって早起きして朝日を見つめましょう。夕陽をじっくり眺めましょう。雨や風を体で受けましょう。ゆっくり深呼吸をしましょう。手を止めて、食べ物をじっくり味わいましょう。自分の肌をなで、その温かさとやわらかさを感じましょう。

27日

〜

「もう絶対にこんなバカなことはしない」と誓うのではなく、「代わりに違うことをしよう。何があると助かるかな?」と自分に尋ねましょう。

3月

28日

〜

自分を許さなければ、
自分を恥じる気持ちに駆り立てられ、
自分とまわりの人を傷つけることを
そのまま続けてしまうだろう。

ビヴァリー・エンゲル

49

3月

29 日

〜〜〜

自分を褒めましょう。少しでも前に進んでいること、目標に向かってがんばり続けて
いること、うまく困りごとを解決できたときのことを思い出しましょう。自分を褒めて
みて、どんな気持ちになりますか？

3月

30 日

〜〜〜

ほんのささいなことでも、
それに意味があるなら、
意味なき偉大なことを成し遂げるよりも、
人生においてもっと行うべき価値がある。

カール・ユング

31日

〜〜〜

　自分が喜びを感じることって、何でしょう？　ここ最近、自分の心についてじっくりと考えたことがありますか？　今日は以下のことについて考え、ノートに書き出しましょう。文章の続きを考えてください。

　　わたしのいちばん大切な思い出は……
　　わたしの夢は……
　　今いちばん難しいと感じているのは……
　　いちばんわたしを大切に思ってくれる家族、親友は……
　　日々の生活のなかでいちばん好きなことは……

　書いたあと、これを見せたい人は誰か考えてみましょう。その人に連絡を取って話しましょう。

4月

1日

〜

今日は1日、笑顔で過ごすと決める。
笑顔は伝染する。
わたしの笑顔が波紋のように広がっていく。

2日

〜

持たざるものについて嘆き悲しまず、
持っているものについて歓喜する者が、
賢き者である。

エピクテトス

4月

3日

~~~~~

『ハリー・ポッター』の物語では、魔法界の人々がヴォルデモート卿を恐れるあまり、「例のあの人」としか呼べずにいました。でも、ハリー・ポッターの導き手であるダンブルドア先生は信念を持って、本当の名で呼び続けました。そうすることで、まがまがしさや得体の知れない恐怖が消えるのです。

感情に名前をつけるのにも、同じ力があります。「今、わたしはこんな気持ちだ」と言葉にすると、怖くても感情に立ち向かうことができます。そして、どう対応するかを選べます。

4月

4日

~~~~~

これから心臓の手術を受けなくてはならない、と想像してみてください。主治医になってほしいのは、穏やかで頼りがいがあり優しく勇気づけてくれる人。それでいて心臓外科を熟知し、経験豊かで術中に問題が起きても冷静に対処するような人ですよね。

もし、心を立て直す必要があるとしたら、主治医はあなた自身です。優しさと思いやりを持って、確かな知識と技術を使って、取り組めるといいですよね。あなたの強みは何でしょう？　まずはスモールステップで、小さなことから始めましょう。何から始めますか？

4月
5日
~~~~~

　自分のあまり好きになれないところはどこでしょうか。体の部分、行動やくせなど、いやだと思っているところなら、何でもかまいません。それについて自分を責めるときに使うのはどんな言葉でしょうか？　一、二文でかまいませんので、書いてみましょう。

　次に目を閉じます。あなたのことを無条件に愛してくれる人を想像します。友達や家族、亡くなった人でも、想像上の人物でもかまいません。誰よりもあなたのことを理解し、ありのままのあなたを受け入れてくれる、愛情深く、優しく、思いやりのある人です。

　その人になったつもりで、あなた自身にあてて手紙を書いてみましょう。自分についていやだと思っているところについて、愛情深くて、優しくて、すべてを受け入れてくれる人はどんな言葉をかけてくれるでしょうか？　最大限の温かさ、優しさ、思いやりを込めて、手紙を書きましょう。

　書き終わったら、手紙をしまいます。しばらくしてから、その手紙を取り出し、声に出して読みあげましょう。どんな気持ちになるでしょうか？

4月
6日
~~~~~

わたしは今、いるべきところにいる。人生で起こったすべてが、今ここへと導いてくれた。
今日は、心を開いて新しい可能性にめぐりあう絶好のチャンスだ。
歩いたことのない道を歩こう。耳にしたことのない音楽を聴こう。

4月

7 日

～～

わかってほしい、受け入れてほしい、大切にしてほしい、愛してほしいと誰かに伝えてもいいのです。心を開き、弱音を吐き、人に頼ってもいいのです。そうすることを自分に許してあげましょう。

4月

8 日

～～

毎日、心のなかにある強さを探しに行こう。
世界があなたの炎を
吹き消してしまわないように。

キャサリン・ダナム

4月
9 日

~~~

　ピーター・ヴィドマーは1984年のオリンピック大会の体操種目で10点満点を記録し、銀メダルをひとつ、金メダルをふたつ獲得しました。秘訣は何だと思いますか？「あと15分」です。ほとんどの体操選手が1日6時間練習しているとすると、ピーターはそこからさらに15分だけ追加して練習したのです。たったそれだけかと思うかもしれません。でもその「少し」が積み重なり、大きな違いを生んだのです。

　身につけたい技術や、達成したい目標について考えてみましょう。オリンピックの金メダルでなくてもかまいません。音楽、ヨガ、クローゼットの片づけでもいいのです。1日に15分使って、ひとつずつこなす、あるいは1週間かけてひとつの目標を達成します。1日にたった15分を積み重ねるのです。1週間分を合わせると約2時間です。何だってできます！

4月
10 日

~~~

わたしは、愛情や優しさ、思いやりを
言葉、行動、態度、生き方で示す。

4月
11日

~~~

　自分の体で、気になるところがたくさんありますよね。フィットネスクラブに行ったり、マラソン大会に申し込んだりするのは勇気がいりますし、スニーカーを履いて散歩に行くのだっておっくうなものです。けれど、体のために何かしようと決意すれば、ぐっと自分を大切にしやすくなります。気楽な日常から一歩踏み出し、体によいことをしてみましょう。何をしたいですか?

4月
12日

~~~

ひとつドアが閉まれば、ひとつ新しいドアが開く。 だが人は、閉まったドアをじっと見つめ、くよくよ考え、 開いたドアを見ようとしない。

アレクサンダー・グラハム・ベル

13日

〜〜〜

ねえ、わたし。

昨日はがんばったね。

最初は少し不安だったけど、大丈夫だった。

今日はもう一歩がんばってみよう。

昨日よりもっとうまくいくかもしれない。

何ができそう？

4月

14日

~~~

　わたしたちを取りまくSNSについて、意外なことが明らかになっています。実のところ、SNSは孤独感を強め、気持ちを落ち込ませるというのです。友達やフォロワーの今日のハイライトを見ていると、つい自分と比べて、「自分は何てだめなんだろう」と感じやすくなります。

　今日は、SNSをお休みしましょう。代わりに、このごろ連絡を取っていない人に電話をかけたり、メールを書いたり、古きよきスタイルで紙の手紙やカードを送ったりしてみましょう。現実の世界で、人と心を通わせているときのほうが、自分を大切にしやすいものです。

4月

15日

~~~

天から与えられたものに感謝すべきだが、
それを意味あるものとするのは、自分自身である。

ニール・A・マックスウェル

4月

16日

~~~

　子どものとき、植物の種をもらって植えましたよね。小さな鉢に栄養たっぷりの土を
つめ、種を埋め、それから待ちます。先生がこう教えてくれます。発芽して大きく育つ
ためには、水と太陽の光が必要だと。それから鉢を窓際に置いて、毎日水をやります。数
日後、小さな芽が顔を出し、ぐんぐん茎が伸びて、花が咲きます。

　自分を大切にする練習もこれと同じです。自分への優しさと思いやりの種を、心に植
えるのです。最初のうち、その芽はとても小さいけれど、どんなに大きく育つのだろう
とわくわくします。辛抱強く、優しく、毎日手入れをする必要があります。今日は、心
に植えたその種にたっぷり栄養をあげましょう。水と暖かな太陽の光を届けましょう。

4月

17日

~~~

　腹の立つ相手について考えてみましょう。今日はその相手に2〜3分だけ、優しさと思
いやりの気持ちを向けます。その人ががんばっていることがうまくいきますようにと。ど
んな気持ちになるでしょうか？　自分に対して、少し優しい気持ちになりませんか？

4月

18 日

〜〜〜

他者を責め、批判していると、
無力なまま、何も変えられない。
何を信じるか、どう判断するかは自分の力で変えられる。
そうして、自分の思考と判断の手綱を握れ。

バイロン・ケイティ

4月

19 日

〜〜〜

　自分の体をCTスキャンするように、意識してみましょう。今どんな感じがしますか？ 体のどこで感じますか？　その状態をたとえると、どんな色でしょうか？　熱いでしょうか、冷たいでしょうか？　こんなふうに感じたことが以前にもありましたか？　いつでしょう？　その感情に名前をつけるとしたら？

　このように練習していくと、自分をよりよく理解できます。ほんの少しのあいだだけ、ありのままに感情を意識してみましょう。「そういう気持ちを感じてもいいんだよ。そう感じて当たり前だよ。大丈夫だよ」と認め、自分のペースで呼吸を続けます。

～～

闇のなかの曲がりくねった道を進まなければ、
平和の川、魂の目指すところにたどりつく正しい道を
見つけられない者もいる。

ジョーゼフ・キャンベル『千の顔を持つ英雄』
（原題 "The Hero with a Thousand Faces"）

～～

人は生まれながらに人を愛し、大切にするようにつくられています。自分自身と、自分を取りまく世界に対して、優しさと思いやり、愛情を感じられるとき、心が穏やかになります。自分を守るための境界を保てます。力がわいてきます。

4月

22日

~~~

　カメラにはズーム機能があり、対象にピントを合わせて背景をぼかすこともできます。心も同じです。ネガティブな気持ちがあると気づいたら、その気持ちそのものではなく、体にどんな感じがあるか意識してみましょう。緊張しているところ、熱くなっているところ、痛みを感じるところはありませんか?

　次に、心地よさを感じる五感にピントを合わせます。庭に出て雨の匂いをかぎます。寄せては返す波の音に耳を傾けます。ゴロゴロとのどを鳴らすネコをなでます。ポジティブな考えにできる限りピントを合わせます。ピントを合わせるターゲットが変われば、体の感じも変わることに気づきます。ピントを合わせないところは背景となってぼやけます。

　自分が思っている以上に、わたしたちは自分をコントロールする力を持っています。ポジティブな考えにピントを合わせる練習を積めば積むほど、ネガティブな思考はぼやけていくのです。

4月

23日

~~~

　多くの企業が、チームの信頼関係を高める研修をしています。チームメイトを信頼するのも大事ですが、同じ方法で自分との信頼関係を高められるかもしれません。同僚に接するかのように、体の各部位にそれぞれ感謝し、信頼する気持ちを伝えます。それぞれの部位がチームとなって動いているのに気づくと、よりいっそう自分のことを大切にしたくなるはずです。

4月

24日

~~~

あなたは宇宙の子ども。
木々や星々と同じように、ここにいていい。
あなたにはその権利がある。

マックス・アーマン「デシデラータ」（原題 "Desiderata"）

4月

25日

~~~

わたしには、
いろんな強さがある。

4月

26日

~~~

　英雄譚というものには、人気があります。興行収入トップクラスの映画には、だいたいヒーローが登場します。あなたのなかにもヒーローがいて、物語があります。困難に打ち勝って何かを成し遂げたところ、もしかしたら、たった今人生の試練に立ち向かっているところかもしれません。

　あなたの物語を書いてみましょう。どんなふうに出発し、どんな道を選び、どんな目的地にたどりついたのでしょう。最初は、その道のりをどんなふうに感じていたでしょうか。その途中であなたを助けてくれた友達や見知らぬ人のことを思い出して、書いてみましょう。あなたが克服した障害はどんなものでしたか？　その過程で自分についてどんなことを学びましたか？　どう変わり、どう成長しましたか？

4月

27日

~~~

　書店に出かけて、心ひかれる本を見つけましょう。座り心地のよいソファーがあれば、そこでゆったりと本を読んで過ごします。もし、そのお店にソファーがなければ、心が落ち着く場所に行って、心にたっぷり栄養をあげましょう。

4月

28日

〰

今日は、自分にこう言い聞かせましょう。「何を言われようと、本当に『わたしは、今のわたしのままでじゅうぶん』。逃げたりしない。おびえたりしない。今、この瞬間、ここで、わたしはありのままのわたしのままでいよう」

4月

29日

〰

すでにその手にあるものに感謝して。
そうすれば、もっと手に入れられる。
その手にないものにばかり目を向けていると、
いつまでたっても満ち足りることはない。

オプラ・ウィンフリー

〰〰〰

　人に対して怒りやいらだちをおぼえたり、孤独だと強く感じたりすると、過去に受けたトラウマがよみがえることがあります。その特効薬は？　やはり人とのつながりです。脳は驚くべき発達を遂げ、この世界で人と人がともに生き、愛し、遊び、助け合うように進化しました。今日はあなたから、つながりを必要とする誰かに助けの手を差し伸べ、勇気づけ、支えてあげましょう。

5月

5月

1日

~~~

</div>

わたしは、失敗の達人。失敗するたびに、もっといい方法が見つかる。
次はどうすればいいか、わかる。

<div align="center">

5月

2日

~~~

トンレン瞑想※は、かんたんではありません。まわりの苦しみを呼吸とともに吸い込み、愛情と喜び、優しさを呼吸とともに吐き出します。この瞑想はつらいものになるかもしれません。なぜなら、心の古傷が刺激され、自分を疑う心の声が聞こえてくるからです。けれど、強力な癒やしの力があります。

まずは、心地よく感じる姿勢を取ります。準備ができたら、まわりの人の苦しみを感じ取れるように、心の波長を合わせます。あなた自身の苦しみでもかまいませんし、まわりにいる誰かの苦しみでもかまいません。

その苦しみには色があり、エネルギーがあると想像します。鼻からそれを吸い込みます。そのエネルギーがあなたの体に入って、まるで魔法の杖でぽんと打たれたかのように、愛と優しさ、思いやりへと変わります。口からその優しさを吐き出します。

これを繰り返します。苦しみを吸い込み、愛と優しさ、思いやりを吐き出します。

5分間でじゅうぶんです。次にできそうなら10分間、試してみましょう。

※チベット仏教の瞑想法。慈愛の瞑想とも呼ばれる。実践するダライ・ラマ14世が「心の平安を与えてくれる」と述べたことで、信徒以外にもさらに広まった

72

5月
3日
~~~~~

　誰かの言動で傷ついたときのことを考えてみます。目を閉じ、ゆっくりと呼吸をして、気持ちを落ち着けてください。次に、あなたを傷つけた相手が目の前に立っていると想像します。「この人もただの人間なんだ。自分と同じように夢や願いを持っていて、何かにおびえたり何かを不安に思ったりしているんだ」と思うようにしてみましょう。

　その人の振る舞いがあまりにもひどくて、もう二度とかかわりたくないと思うかもしれません。かかわるのが危険なこともあるでしょう。もうかかわる必要はありません。許さなくても大丈夫です。ただ、少しだけ練習をしてみましょう。その人が人生というつらく苦しい旅路を歩むとき、どんなことを願ってあげられそうでしょうか?

　このとき、自分のことにも気を配りましょう。浮かんでくる考えや気持ちを意識します。そして、想像上のその人に、協力してくれたお礼と別れの言葉を伝え、おしまいにしましょう。

5月
4日
~~~~~

　大切な人と、その日にあったいちばんよかったことと悪かったことについて話をしましょう。じゃまが入らず、落ち着いてゆっくり話せる時間帯を選びます。相手にも同じことを話してもらい、心を込めて、集中して全身で話を聴きます。この会話によって、お互いの身の上に起こっていることが分かち合えます。

5月

5日

~~~

日々の体験すべてに、
マインドフルネス（1月28日参照）を取り入れましょう。
1日のなかで、何度も目標を心に据え直します。
思いやりを持って励み、過去や未来ではなく
今この瞬間に意識を向け、
心が常に今ここにあるようにして心身を緩める、
という目標を。

ラルフ・デ・ラ・ローサ『脳のなかのサルはあなたにメッセージを届ける』
（原題 "The Monkey is the Messenger"）

5月

6日

~~~

　許すというのは、ずっと持っている怒りと恨みを手放すこと。その行動を受け入れら
れなくてもいいのです。「傷ついた」「ひどい」と、くよくよ思い返すのをただやめるだ
けです。ずっと重荷だった、つらく苦しい感情を手放してみませんか？

5月

7日

〜〜〜

　睡眠は、心と体にとっていちばん大事です。寝つけなくて、寝返りをうってばかりいる
なら、他にもできることがたくさんあります。薬以外の方法で、寝つきをよくするコツや
生活習慣をご紹介しましょう。

　1日の終わりに、くつろぐ時間を取ります。寝室にスマホやタブレットを持ち込まず、テ
レビを消して、部屋を暗くして、静かな環境をつくります（必要なら耳栓を使います）。可
能なら部屋の室温を少し涼しいくらいにします。気持ちいいと感じられる温かさになるよ
うに、布団、タオルケットなどの厚さや枚数を調整します。できる限り最高の睡眠が取れ
るよう、自分を気遣ってください。

5月

8日

〜〜〜

　脳より体のほうが感情に正直なことがあります。自分がどんな気持ちかわからないと
きは、体の感覚を確かめてみましょう。首、肩、両手、胸、胃、腸、両足は、どんな感
じでしょうか？　体の感覚に気づき、それを感じてもいいんだよと自分に許すと、その
ときの感情が何なのか、言い表せるでしょう。今、何を感じていますか？

9日

〜〜〜

どうも、不幸な気持ちでいるのが利他的で、幸せな気持ちでいるのが利己的、という考えは間違いのようだ。幸福な気持ちでいるほうがずっと利他的だ。いつも幸福そうな態度を取るためにはエネルギーがいるし、寛大でなくてはならない。いつも明るくいるためには、自制心が必要だ。しかしながら、人は、いつも明るい人を見ると、その態度を当たり前のものと思ってしまう。（中略）人の助けを必要とせず、自分の力だけで生きていける人、と思われてしまうのだ。

グレッチェン・ルービン『人生は「幸せ計画」でうまくいく！』
（花塚 恵訳、サンマーク出版、2010年）

5月

10日

〜〜〜

心が整う「朝の習慣」があると、目的意識が高まり、情緒が安定します。いい本を読む、瞑想をする、運動をする、ノートにその日の予定やTo-Doリストを書いて考えをまとめる、そんな時間を朝に取ります。こうやって自分を大切にすると、新たな1日に向けてすっきりとした気持ちになり、インスピレーションが得られます。あなたは、どんな朝の習慣を始めたいですか？

5月
11日
~~~

わたしに、何ひとつ欠けるものはない。
わたしには、創造力がある。
わたしは、わたし。

5月
12日
~~~

　この世に痛みと苦しみが存在するように、愛と平和も存在します。「陰と陽」です。痛みも苦しみもないときには、人は愛、思いやりの大切さ、問題がないことのありがたさに気づきません。

　痛みはただやっかいなものではなく、大切なことを伝えてくれる信号です。うっかり熱いストーブに触ったとき、痛みはすぐに「手を引っ込めろ！」と教えてくれます。体にはこのような反射機能があります。考えて判断しなくても動いてくれるのです。心の痛みもこれに似た機能を持っているのですが、わたしたちはそれが「変化を起こすべきだ」という信号だとなかなか気づきません。すぐに遠ざけなくてはならないような、人生における「熱いストーブ」はありませんか？

5月
13日
~~~~

　失敗したとき、どれだけ自分を大目に見てあげますか？　友人や同僚が失敗したときはどうですか？

　失敗して、望んだ結果にならなくても、「がんばったんだから、仕方ない」と思える人もいますが、自分を愛せない人は、友達や同僚には決して言わないようなひどいことを自分に言います。自分を責め、批判し、けなします。

　自分やまわりの人が失敗したとき、自分がどんな反応をしているか注意しましょう。もし腹を立てている自分に気づいたら、「大丈夫だよ。がんばったね」と優しい声をかけてみましょう。優しさと思いやりの練習を行うことで、自分もまわりも大切にできるのです。

5月
14日
~~~~

　貴重な絵画が展示されている美術館を想像してください。この価値ある美術品はどんなふうに大切にされているでしょうか。どんなふうに警備されているでしょうか。絵によくない物質から保護するべく、どんなテクノロジーが使われているでしょうか。

　この絵画のように、あなたも世界にただひとりの貴重な存在です。あなたの価値は、はかりしれません。そんなあなたを、どんなふうにケアしているでしょうか。どんなふうにまわりとの境界線を引いて守っているでしょうか。唯一無二の素晴らしい存在であるあなたの安全をしっかりと守りましょう。

78

５月
15日

〰〰

　心のなかにいるもうひとりの自分は、わたしたちを攻撃し、がみがみと叱りつけます。頭のなかで悪口を言われ、非難されるのに慣れてしまうと、「ちょっと待って。それって正しい？　理不尽じゃないの？」とは考えられなくなります。

　今度、心のなかで自分を責めたり批判したりしているのに気づいたら、こう想像しましょう。「誰かが同じことをわたしの親友に言ったら、どんな気持ちになるだろう？」

　きっと腹が立つことでしょう。「そんなひどいことを言うのはやめて！　この人を傷つけたら許さない！」と親友を守って立ち上がるでしょう。心の声があなたを攻撃してきたときも、同じように自分を守っていいのです。

５月
16日

〰〰

　夜、ベッドに入ったら10分間、感謝の瞑想をしてみましょう。まずは体からです。ひとつひとつの部位が、生きるためにどれだけすごい働きをこなしているか考え、「いつもありがとう」と心のなかで言ってみましょう。次に、その感謝の輪をさらに広げます。あなたが感謝している人は誰でしょう？　自分の人生を振り返り、よかったな、うれしいな、ありがたいなと思うことは何でしょう？

79

5月
17日
~~~~

不成功は、必ずしも失敗ではない。
ある条件のもとでの最善であるかもしれない。
真の失敗とは、挑戦をやめることだ。

B・F・スキナー

5月
18日
~~~~

　どうしても好きになれない人の悪口を言いたくなるとき、自分が自分できらいなところを相手に投影している可能性があります。自分のきらいなところについて、ポジティブな見方をしてみませんか？　それは、自分で変えたいと思って努力しているところでもあるのです。

　あるいは、あなたが思っているほどの欠点や弱みではないかもしれません。再評価をしてみませんか？　目を閉じて数分間、瞑想してみましょう。それから、文句を言いたかった相手について考えてみます。気持ちは変わりましたか？　なぜでしょうか？

5月
19日
〜〜〜

　1年で100万ドル（1億円超）の売り上げをあげた凄腕のビジネスマンがいます。その人は、目標を達成したら人生が完ぺきになると信じていました。達成したその日に祝賀会があり、その人は天にも昇る心地でした。でも、喜びは1日たつと、味気ないものになってしまいました。

　目標を達成すれば確かにうれしいものですし、祝うのもいいでしょう。けれど、幸せを長く感じられるのは、目的地に着いたときではなく、その過程です。目標に向かってがんばるときには、その過程で学んだこと、少しずつできるようになったことを大切に味わい、喜びましょう。

5月
20日
〜〜〜

多くの人が生きている。
だが、生きているという、
その奇跡に気づいていない。

ティク・ナット・ハン『マインドフルネスの奇跡　瞑想実践入門』
（原題 "The Miracle of Mindfulness: An Introduction to the Practice of Meditation"）

5月

21日

〜〜〜

　多くの人が、何かを感じることを避けようとします。とくに、痛みや苦しみを感じないように心をまひさせます。そうして、何も感じなくなります。今日は、マインドフルネス（1月28日参照）を実践しましょう。つらい感情を押し殺そうとしたら、意識しましょう。自分を大切にするというのは、どんな感情も否定することなく、「そこにそういう気持ちがあるんだね」と認め、受け入れることです。弱さや傷つきやすさも、あなたの素晴らしいところです。大切にしてください。

5月

22日

〜〜〜

　ポジティブな考えもネガティブな考えも、わたしたちの体、人との関係、まわりの環境に影響を与えます。自分を責めたり非難したりすると、どんな気持ちになりますか？幸せな気持ちになるでしょうか？　もっといい自分になるためにがんばろうという気持ちになるでしょうか？　それともいやな気持ちになって、やる気がなくなるでしょうか？
　今日は、自分のよいところを書き出しましょう。それを読むと、どんな気持ちになるでしょうか？　自分を悪く言ったときの気持ちと、どんなふうに違うでしょうか？　気づいたことをノートに書きましょう。

〜〜〜

　フレッド・ロジャースは、エミー賞の功労賞を獲得しました。そのときのスピーチで、聴衆に向かって「10秒間、今の自分になるまで応援してくれた人について考えてください」と伝え、タイマーを10秒にセットしました。今日は、ロジャースの教えに従いましょう。10秒間、今のあなたになるために支えてくれた人について考えましょう。

〜〜〜

　瞑想の素晴らしい力を体験しましょう。瞑想すると、心が静まります。そして、勇気、信頼、レジリエンス（心の回復力）、成長、自分を許すこと、共感、心と体の栄養、真実、人とのつながりなど、自分を大切にするための土台ができます。瞑想するといってもどうすればいいのかわからない場合は、本やアプリ、動画を参考にしたり、マインドフルネスの研修に参加したりしてみましょう。

　あるいは、こうしてみましょう。ただ静かな場所で、居心地がよい姿勢で座ります。床を見るか、目を閉じます。考えが浮かんできたら、そのまま、批判も判断もせず受け流します。呼吸のリズムを無理に変えようとはせず、ただ感じます。瞑想はこんなふうに、かんたんにできるのです。

5月

25日

〜〜〜

わたしは、生きることを選ぶ。

5月

26日

〜〜〜

　心の安全地帯から一歩踏み出すことも、実は自分を大切にする行動のひとつです。成長のきっかけになり、自分の強みと才能に気づきます。今日は、もし可能なら、知らない人、あるいはそこまで親しくない人について、何か新しく、3つの発見をしてみましょう。もしかしたら仲良くなれるかもしれません。信頼関係ができるかもしれません。友達になれるかもしれません。あとから振り返り、自分について気づいたことをノートに書いてみましょう。

5月

27日

〜〜〜

　高潔とは、人が見ていないところでも、言葉と行動を一致させる心のあり方です。行動が、価値観や決意したことと一致しているとき、自尊心が高まります。合致性がないとき、人は自分を恥じ、自分を責め、批判します。一致しているときには自信がつき、自らの「光を人々の前に輝かす※」ことを恐れなくなります。

※『新約聖書』の一部、『マタイによる福音書』5章16節にある言葉

5月

28日

〜〜〜

　スマホやタブレット端末を使っていると、バッテリーが減り、そのうち充電が必要になります。そんなとき、「使えないスマホめ！　何てバカなんだ！」と悪態をついたり、「何て情けないんだ！　何てだめなスマホなんだ」とわざわざののしったりしませんよね。とくに何も考えずに、充電できるところを探してプラグを差し込むはずです。

　自分自身が「電池切れ」の状態になったときはどうでしょう？　難しいですよね。「甘えるな。しっかりしろ」と自分に腹を立て、恥じるのではないでしょうか。エネルギーが切れ、その分の充電が必要なだけなのに。

　今日、がんばれない自分に気づいたら、「電池切れなんだ」と考えましょう。どうやったら充電できるでしょうか？　緑のなかを散歩する、お昼寝をする、足裏マッサージやスカルプケアなど、何でもかまいません。何があなたを元気にしてくれるでしょうか？

5月

29日

～～～

つまり、瞑想とは陶酔することでも、
没頭することでもない。
ただ存在することだ。

チョギャム・トゥルンパ

5月

30日

～～～

わたしは挑戦を愛する。

5月
31日

〜〜〜

「レジリエンス」とは、試練や挫折、トラウマとなるような経験のあと、回復する力です。カンフー映画でいえば、敵に攻撃されてあお向けに倒れたあと、ぱっと跳ね起きる力です。このカンフーの使い手は、心身ともにものすごい量の鍛錬を積んでいます。

あなたのレジリエンスのレベルはどのくらいでしょうか？ ぱっと跳ね起きて、心も体もすぐに闘えるぐらいでしょうか？ その正反対で、打ちのめされ、しばらく気持ちが落ち込み、不安にとらわれる感じでしょうか？ あなたがどのレベルにいるとしても、今よりも必ずレジリエンスを高めることができます。

レジリエンスを高めるトレーニングとして、最初に役立つ方法をお伝えします。ネガティブな考えが浮かんだら、まずそれに気づいて、反論や異論を繰り出しましょう。楽観的な人が、どんなふうに思うか、考えるとよいでしょう。それから、今の状況のなかで、ありがたく思えることを見つけてください。最後に、これから挫折してもくじけないよう、目標をはっきり心に描きます。

自分のレジリエンスがどのくらいなのか、ノートに書きとめましょう。このとき、自分を優しく思いやり、辛抱強く待つようにしてください。あなたは今、レジリエンスを育てているところなのです。最終試験を受けているのではありません。

6月

6月

1日

~~~

　自分を大切にする方法のひとつは、人に頼ることです。助けを求め、してほしいと思っていることを人に頼むのです。ハグしてもらう、話をじっくり聴いてもらう、意見を聞かせてもらう、ただいっしょに過ごしてもらうなど、何でもかまいません。

　もしかしたら、今まで人に頼みごとをして断られ、いやな経験をして、そこからもう人には頼りたくないと思っているかもしれません。今日は、断られてもいいから、もう一度だけ勇気を奮い起こし、人に何かを頼んでみましょう。

6月

2日

~~~

人目を気にしないでいい。
リスクをあえて取ろう。
だって、わたしにはその価値があるから。
この世界に貢献できることがたくさんあるから。

6月
3日

～～～

　無理やり人の心を開かせることはできません。心を打ちあけるには「安心できる、守られている」と感じられる環境が必要です。言いづらいことを尋ねられたとき、集団のなかでも、1対1の場面でも、「何だかここでは話したくないな」と感じたら、答えなくてもいいのです。その気持ちは100％正しいのです。

　自分を大切にするとき、心を開くことも重要ですが、それと同じくらい安全であること、守られていることが重要なのです。誰かともっと仲良くなりたいと思ったら、まずその関係を安心できるものにしなくてはなりません。大切な人との関係をもっと安心できるものにするには、何をしたらよいか考えてみましょう。

6月
4日

～～～

勇気は思いがけないところに
見いだされる。

J・R・R・トールキン『新版 指輪物語1 旅の仲間 上1』
（瀬田貞二・田中明子訳、評論社、1992年）

6月

5日

〜〜〜

　両足をしっかり地面につけ、心地よい姿勢で座ります。手のひらをどちらも上向きにして重ね合わせます。目を閉じ、自分のペースで呼吸します。

　もし自分を心から好きだと思えたら、どんな気持ちになるでしょう？　穏やかで、思いやり深く、優しい気持ちでしょうか。その温かさを感じます。今のままのあなたを、かけがえのない存在として尊重でき、大切に思えたとしたら、どうでしょうか？　そう思えたら、自分を責める心の声に惑わされることはなく、本心に従った選択ができます。そのための力がわき上がります。生まれながらの才能と身につけた力に自信が持てて、その力をまわりの人のためにも快く使えます。じっくりと時間をかけて、温かい気持ちを心から感じ、変化を意識しましょう。

6月

6日

〜〜〜

　「人間だもの」という考え方は、自分を大切にするとき、欠かせないものです。「自分だって普通の人間だし、まわりの人だって普通の人間なんだ、みんな同じなんだ」と気づくことができます。

　この対極にあるのが「自分はだめだ」という考え方です。こう考えると、自分には愛される価値なんてない、人に頼る価値なんてないと感じます。壁をつくり、人を遠ざけ、自分を傷つけているとき、「わたしだって人間だもの。みんな同じ」とは考えません。わたしたちはみな普通の人間で、完ぺきではありません。それでも、がんばっています。今日は1日、「みんな不完全な人間だもの」と頭に置いて過ごしましょう。

6月

7日

〜〜〜

　感謝の瞑想にはさまざまな方法があります。そのうちのひとつに、感謝していることと、その理由を3つ書き出す方法があります。ノート、SNS、紙ナプキンなど何でもいいので書いてみましょう。理由をしっかり書くのが肝心です。感謝していることについて、もっと深く考えられます。新しい発見があり、さらに感謝の気持ちがわいてくるかもしれません。

6月

8日

〜〜〜

　シュリ・チンモイはこう言っています。「笑おう。笑おう。できる限りたくさん、自分の心に笑いかけよう。心を引き裂くような緊張がかなりほぐれる」。笑うと、ストレスホルモンのコルチゾールとアドレナリンが減少します。そして、幸せホルモンであるエンドルフィン、セロトニン、オキシトシンが増加します。ちょっと試しに、今日何回笑うか、記録をつけてみましょう。50回以上笑顔をつくってみましょう。どうなるでしょうか。もちろん、ひとりのときに笑顔になってもかまいません。それも数に入ります。誰かに笑いかけたときには、相手も笑い返してくれるかどうか見てください。笑顔は伝染します。

6月

9日

〜〜〜

　共感するためには、人の視点に立つ必要があります。それは、たとえ自分の見方とは違っても、相手の目から出来事がどんなふうに見えるのかを理解する力です。今日は、自分と違う意見に注意を向けましょう。個人的な意見でも専門家の意見でもかまいません。自分の頭に反論が浮かんだら、いったん立ち止まります。そして、相手の目からは物事がどんなふうに見えているのか考えてみます。それに納得できなくてもかまいません。それでも、どうやって意見の対立を解決すればいいか、妥協点がありそうかどうかを探るヒントになります。人の視点に立てた自分をどう感じますか?

6月

10日

〜〜〜

　自分を大切にするというのは、美顔補正アプリを使って自撮りをすることではありません。ありのままのくせ、個性、誇りを尊いものと敬い、愛することです。自分らしく感じる瞬間を見つけ、それを言葉にしてみましょう。

～～～

敵に立ち向かっていくのにも大いなる勇気がいる。
しかし、味方の友人に立ち向かっていくのにも
同じぐらい勇気が必要じゃ。

J・K・ローリング『ハリー・ポッターと賢者の石』
（松岡佑子訳、静山社、1999年）

～～～

　自分を恥じ、情けなく思っているのに気づいたら、自分の考えを別の方向へとシフトさせます。ネガティブな方向へと心がさまよっていくのがわかったら、「こっちだよ」とポジティブな方向を優しく指し示します。自分を責める心の声が聞こえるようなら、自分に優しくします。

6月

13日

〜〜〜

　ありのままの自分でいる人は信頼されます。裏表がなく、本当のその人が見えるし、他の誰かになろうとしていないからです。

　素の自分を見せるのはリスクを伴います。おかしいと言われたらどうしよう、笑われたらどうしようと不安になります。でも、不安に負けてしまうと、自分を偽り、演じ続けることになります。それは、自分自身を傷つける行為です（そして、まわりの人も傷つける可能性があります）。

　不安に打ち勝って、ありのままの自分でいられたなら、信頼されます。まわりの人ともっと心が通い合います。自分ではない誰かにならなくてはならないというプレッシャーを感じることもありません。いつもそんなにうまくはいかないかもしれませんが、リスクを冒す価値はあります。

6月

14日

〜〜〜

飛べないんじゃないかと疑いの心を持った瞬間、
人は永遠に飛べなくなってしまうのです。

J・M・バリー『ケイジントン公園のピーター・パン』
（原題 "Peter Pan in Kensington Gardens"）

96

人生は試練に満ちています。大きな試練もあれば小さな試練もあります。乗り越えられると、とてもいい気分になりますが、なかなか乗り越えられないときや、敗北を認めなくてはならないときにもやはり、同じくらいの学びがあります。困難を乗り越えようと努力を重ね、うまくいかなくて、それでもがんばり続けたときのことを思い出してください。立ち上がりもう一度挑戦した自分自身について、何か新しく知ったことはありますか？　どんなふうに成長したでしょうか？

6月

16日

〜〜

力不足だと感じたときこそ、その力を身につけるチャンスです。学びたいこと、もっとスキルを高めたいものはありませんか？　どこで学べますか？　今日は、あなたの力を高める第一歩を踏み出しましょう。教室に申し込む、オンライン研修を見つける、師となる人を見つけて教えを請うなど、いろんな方法があります。

人をうらやみ、自分と比較すると、喜びが失われます。自分より立派な家に住んでいる、収入が多い、いい車に乗っている、映画スターのようにスタイルがいい人を見ると、心のなかのもうひとりの自分がその事実を「証拠」として使い、「おまえはまだまだだ」と言います。でも、本当にそうでしょうか？ その罠に陥ったとき、どれだけ多くの喜びが失われることでしょう。人と自分を比べてくよくよする時間に他のことをしたら、どんなことを成し遂げられるでしょうか？

わたし頑固ですから、
ひとの思いどおりに怖がったりしないの。
怯えさせてやろうとする人に出くわすと、
かえって勇気が湧いてきちゃう。

ジェイン・オースティン『自負と偏見』（小山太一訳、新潮社、2014年）

98

~~~

禅師のティク・ナット・ハンは真に今ここにあるための4つのマントラ※を説いています。大切な人とより深く心でつながるためのものです。

- 大切な人よ、わたしはあなたのために、今ここにいる。
- 大切な人よ、あなたが今そこにいることを、わたしは知っている。
- 大切な人よ、あなたが苦しんでいることを、わたしは知っている。
- 大切な人よ、わたしは苦しんでいる。全力を尽くしている。
  けれども、あなたの助けが必要だ。あなたの理解が必要だ。

自分を大切にするために、この素朴でありながら力強いマントラを唱えてみましょう。このマントラを使って自分自身と対話をするのです。想像してください。今、少しだけ試してみましょう。

※古代インドで使われていた「真言」。祈るとき、瞑想するときに使われる。声に出して唱えたり、心のなかで唱えたりすると集中し、気持ちが落ち着く

6月

20 日

~~~

手放してもいい。

〜〜〜

　感情に名前をつけると、その強さが驚くほど失われ、弱くなります。今度、怒り、恐怖、喜び、悲しみなどの強い感情を意識したとき、「わたしは今、〜を感じている」と声に出してみましょう。感情に名前をつけたとき、体にはどんな変化が起こるでしょう?

〜〜〜

　ダライ・ラマ14世は「コンパッション」をこう説明しています。それは、自他の苦しみに気づいて心を寄せ、その苦しみを軽くしたいと強く願い、そのために力を尽くそうとすることだと。人は苦しみから身を引こうとするものです。苦しみなんて感じたくありません。でも愛する人が傷ついているときには、助けたいと願います。ほんの一瞬でも、その苦しみを和らげられるのなら、何でもしようとします。愛しているから、その人が大事だから、助けたいのです。

　自分の心にも同じようにできませんか?　自分を大事にしようと決意し、その苦しみを和らげるために、コンパッションを持って自分に接しましょう。

〜〜〜

わたしは満たされている。
恵みを享受し、
持てるすべてのものに
感謝することを自分に許す。

6月
24日

〜〜〜

「コンパッション・カラー」、つまり温かさや優しさ、思いやりを色にたとえる練習をすると、そのイメージを持ち歩けます。穏やかなリズムで息をゆっくり吸い、吐くところから始めましょう。一息ごとに、少しずつ心が落ち着きます。準備ができたら、優しさ、思いやりを表す色を思い浮かべましょう。

　空に浮かぶ雲のように、頭の上にその色が広がります。霧となって、あなたのまわりを取りかこむイメージです。その色の霧を吸い込み、全身へと循環させましょう。吸い込んだ霧がつま先までめぐり、頭へと上がって、両手の指先へと届きます。あなたのなかをめぐり、まわりにもただよいます。あなたを守る力を持ち、あなたに強さを与え、より優しく、思いやり深くしてくれます。

　あなたには力があります。自分に優しくできないときにはいつでも、このコンパッションのエネルギーで自分を満たすことができるのです。

6月
25日

〜〜〜

　試練を乗り越えたときのこと、困難に打ち勝ったときのことを思い出しましょう。勇気を持って、その話を他の人に聞かせます。「たいしたことない」と思われるんじゃないかと不安になるかもしれません。それでも、思い切って話しましょう。

6月
26 日

~~~~

闇では、闇を追い払えない。
それができるのは、光だけだ。
嫌悪では、嫌悪を追い払えない。
それができるのは、愛だけだ。

マーティン・ルーサー・キング・ジュニア

6月
27 日

~~~~

「あなたは正しい」と言ってほしい、受け入れてほしい、なぐさめてほしい、気遣ってほしい、理解してほしい……。そんな願いが、いつまでもわたしたちの胸にあります。大人になったら不要になる願いではなく、妥協したりあきらめたりできるものではありません。それに気づくと、願いを持つ自分を情けないとは思わないでしょう。自分にとってプラスになる方法で、願いを満たそうという勇気がわきます。傷つくかもしれないけれど、願いを人に伝えるのは勇敢な行動です。

6月

28日

～～～

そばにいてほしい、わかってほしい、
愛してほしいという願いがあってもいい。
それは、わたしが生きているということ。

6月

29日

～～～

「わたしは目標を達成し、学び、成長できるんだ」と信じるマインドセット※に切り替えるために、やる気をくじく心の声が「おまえなんか、何をやってもだめだ。がんばってもムダだ。失敗するに決まっている」と何回くらい言ってくるか数えてみましょう。

それを紙に書き出します。それから、紙を裏返します。くよくよ考えるのをやめ、反対の言葉を書きます。「あなたなら、何をやってもうまくいく。がんばればがんばるほどうまくいく。必ず成功する」。読んでみて、どんな気持ちになりましたか？　紙の裏側からあなたを惑わす声がはいあがってきて、ポジティブな言葉を押しつぶそうとしていませんか？　ただそれに気づくだけでかまいません。心から信じたいのはどちらの言葉でしょうか？　どちらの言葉から、愛情や喜び、希望を感じますか？

※しなやかな心の持ち方。スタンフォード大学心理学教授キャロル・S・ドゥエックは、「うまくいかないときにこそ、粘り強いがんばりを見せる」マインドセットを持てば、誰でも大きく成長できると述べている
出所：キャロル・S・ドゥエック『マインドセット「やればできる！」の研究』(今西康子訳、草思社、2016年)

6月
30日

~~~~~~

　前帯状皮質（ACC）という脳の部位は、感情をコントロールして、決断を助けるという独自の機能を持っています。車のギアを入れ替えるシフトレバーだとイメージしてください。

　楽しみにしていたイベントに大好きな人と参加すべく、出かけようとした瞬間、玄関口で電話が鳴り、相手が急に行けなくなったと聞かされたとします。このとき、ACCにじゅうぶんな血流があり、エネルギーが行きわたっていれば、脳はさっとギアを入れ替えます。イライラしたとしても、かなりすばやく感情を調整して、いらだちを鎮められます。でも、ACCがうまく働かないと、シフトレバーはひっかかってしまいます。強迫観念が次々に現れ、怒りと不安が急激にわき上がり、何をしたらいいか考えられません。

　ACCを強化するには、体の感覚に気づいて、それが「〜の感情から生まれるんだ」と認めるだけでかまいません。脳神経科学の研究から、1日5分間この練習をするだけでACCの機能が向上することが明らかになっています。5分間だけでいいのです。この短時間のマインドフルネス瞑想でACCを強化できます。柔軟に感情をコントロールできるようになり、感情の起伏がなだらかになります。今日、試してみましょう。

7月

～～～

誰かを幸せにしたいなら、慈愛の心を持ち続けなさい。
自分が幸せになりたいなら、慈愛の心を持ち続けなさい。

ダライ・ラマ14世

～～～

　人は、近しい人からの拒絶、虐待、ネグレクトなどで心に受けた傷から身を守ろうとして、ほぼ無意識に壁をつくります。苦しまなくてすむように、ひとつひとつレンガを積み上げます。ふと気づくと、いつしかそれが監獄となって自分を閉じ込めています。外が見えるのは壁についた小さな窓だけです。

　自分を閉じ込める心の監獄に気づいたら、とうてい打ち壊せないと思うかもしれません。でも、レンガをひとつひとつ積み上げてきたように、ひとつひとつ取り除くことができるのです。

7月

3日

〜〜〜

　人と心地よい関係を築くのも、自分を大切にすることにつながります。今日は、心を開いて誰かと心のこもった会話をしてみましょう。見知らぬ人でもかまいません。優しそうな人を見つけましょう。忘れないでください。あなたもまた、人との触れ合いを求めている誰かにとっての「優しい人」になれるのです。

7月

4日

〜〜〜

ほんとうの勇気というものは（中略）
はじめる前に負けることをしっていてもだよ、
しかしとにかくはじめてみて、いったんはじめたからには、
とことんそれをやりとおす、それが真の勇気というものだ。

ハーパー・リー『アラバマ物語』
（菊池重三郎訳、暮しの手帖社、1964年）

7月

5日

〜〜〜

　誰もが失敗します。その失敗がいちばん大切な人を傷つけることもあります。ふとしたきっかけで、失敗を思い出すのは当然です。そうなるとすぐに自分を責め、「自分はだめな人間だ」と思い悩みがちです。でもそれは相手のためにも、自分のためにもよくありません。

　過去の失敗についてくよくよ考えている自分に気づいたら、そのいやな気持ちをしっかりと見つめ、自分の行動に責任を取り、「相手のために今すぐできることは何かないかな。どうすれば相手の気持ちが和らぐだろう」と自分に問いかけます。何もないなら、それでかまいません。でも、もしできることがあるなら、すぐに取りかかりましょう！

　自分を許す瞑想を重ねると、後悔や自責にとらわれるのではなく、今この瞬間ここにいる自分自身とまわりに意識を向け、大切な人と心を通わせることができます。

7月

6日

〜〜〜

　セルフ・コンパッション（自分自身に思いやりや優しさを向けること）の練習を始めると、最初のうちは慣れなくて居心地が悪かったり怖かったりするものです。新しいことを始めるには勇気がいります。いつか行き詰まることがわかっていても、同じパターンを繰り返すほうが落ち着くし、安全に思えるものです。時間をかけましょう。セルフ・コンパッションが自分になじんできたら、「やったね！　よくがんばった」と自分を褒めましょう。

7月

7日

~~~~~

　あなたはコンパッションの戦士です。愛、優しさ、辛抱強さ、粘り強さというスキルを今、鍛えているところです。自分を責める心の声から自分を守り、光の当たる場所にいます。自分を支えてくれる人たちが見つかります。人とほどよい距離を保っています。自分自身を大切にするのが上手で、お手本になる家族や同胞がそばにいます。痛みや苦しみを避けずに見つめ、成長しています。この世界をよくする才能があります。

7月

8日

~~~~~

　心の知能（1月3日参照）は、自分が今どんな気持ちかわかり、それを上手にコントロールしてまわりに伝える力です。相手の気持ちに共感し、自分や相手のどちらか一方だけを優先することなく、自信を持って人とかかわる力でもあります。頭脳のIQと同じくらい重要です。

　心の知能が高まると、自分の気持ちが細やかにわかり、調整できます。まずは、今どんな身体感覚や感情があるのか気づくところから始めましょう。いろんな言葉で自分の心の状態を伝えられるようになると、感情をほどよい強さにコントロールする力がつきます。

〜〜〜

真の許しとは、
「あの経験があってよかった。ありがとう」
と言えること。

オプラ・ウィンフリー

〜〜〜

　傷つくかもしれないけれど、心を開いて話す……。それは漁に似ています。漁師が網を打っても、何も捕れない恐れがあります。丸一日がんばって、まったく収穫がないときだってあります。船からあふれんばかりの魚が捕れることもあります。どっちに転ぶかは誰にもわかりません。でも100％確かなのは、網を打たない限り、魚が捕れる可能性はゼロだということです。

7月
11 日
~~~

「瞑想では、心を無にしなくてはならない」というのはよくある誤解です。こうした思い込みを持って瞑想すると、すぐにくじけるでしょう。目を閉じて瞑想を始めたら、ほんの数秒でどこからともなく雑念がわいてきます。「夕飯は何にしようかな」「あの書類、ちゃんと上司に提出したっけ?」「友達は今、何をしてるかな?」。気が散っていることに気づいたとたん、きちんと瞑想できていない自分にがっかりしてしまいます。でも、実はこれで正しいのです。

　自分が何を考えているのか気づくことができれば、それを手放して、瞑想へと注意を戻すことができます。注意を戻すたびに、脳神経のつながりが増強され、学習、想像、リラックスする力が強くなります。

　ですから、次に瞑想するとき、雑念に気づいたら喜んでください。「よしよし、ちゃんと瞑想できているぞ」と。そしてまた雑念を手放して、瞑想へと戻りましょう。

7月
12 日
~~~

　マインドフルネスやコンパッションをテーマに瞑想をガイドしてくれる、ポッドキャストやアプリがいくつもあります。たとえば、「Insight Timer」※などがお勧めです。探して聞いてみてください。

※ Apple StoreやGoogle Playで配信されている、アメリカ発の瞑想支援アプリ。音声でガイドする番組が多く登録されており、英語のものが主。日本語のものは一部なので、別途自分に合うものを選ぶとよい

〜〜〜

人生の短さ、つかの間の喜び、避けられない痛みをじゅうぶん理解して、
どんな人も避けられない運命に向かっているという事実を受け入れるとき、
それを意識することで、わたしたちはより優しく、お互いを思いやれるはずです。
この気持ちがあれば、人生という旅の仲間を助けるために
最善の努力ができます。その道を明るく、歩きやすいものにするために。
誰もが同じように生きて、同じように死ぬ、その旅の仲間をより近く感じ、
よりよく理解し、より深く共感するはずです。

クラレンス・ダロウ『クラレンス・ダロウの言葉』
（原題"The Essential Words and Writings of Clarence Darrow"）

7月
14日
〜〜

　現代社会は、人に勝つことを重要視します。競争相手が少しずつ消えていき、勝者に
スポットライトが当たるリアリティショー※の多さを考えてみてください。わたしたち
の社会と文化が「人に勝て。誰よりも秀でろ」という期待を押しつけてきます。

　よりよくあれというプレッシャー自体が問題なのではありません。「常に勝て」という
不可能なことを求めるのが、問題なのです。人は必ず失敗します。どんなに努力しても、
その結果が無残に終わることもあります。自分がいちばん優秀でいなくてはならないと
思うと、そうできない自分に失望し、責めたり批判したりします。

「マウンティング合戦」をやめるための強力な解毒剤があります。他者と競うのをやめ
て、自分の成長にだけ目を向けるのです。自己ベストの更新に力を注ぐのです。それと
同時に、人とのつながりも大切にします。どちらが勝っているか比べるのをやめれば、友
人関係を築くのははるかにかんたんなんです。

※一般人などの出演者が、台本がないなかで、さまざまな困難に立ち向かったり、恋愛合戦に勝ち抜いたりする様子をドキュメンタ
　リーのように撮影し、テレビ番組にしたもの

7月
15日
〜〜

恐怖とは、真実に近づくときの自然な反応だ。

ペマ・チョドロン（チュードゥン）『うまくいかないとき』
（原題 "When things fall apart"）

(115)

7月
16日

~~~

わたしは愛を持って立ち上がる。
信じるもののために。

7月
17日

~~~

　あなたの知り合いに、ひとつずつガラス瓶を持ってもらっていると想像してください。この瓶は信頼の度合いを示すものです。ある人が信頼できる行動をしたとき、あなたのために心を配ってくれたとき、「豆」がひとつ、その瓶に加わります。そのうちだんだん瓶が豆でいっぱいになります。

　信頼を裏切るような行為があれば、瓶は空っぽになります。その人はまたゼロから信頼を積み上げ、豆をひとつひとつ瓶に加えていかなくてはなりません。誠実な行動があるほど、豆は増えていきます。

　この大切な信頼の瓶が空っぽに近いのは、その人と話し合うべきだというサインです。自分を振り返る機会でもあります。相手に望むことを伝えましょう。そうすることは、わがままではありません。相手に誠実な行動を求めるのは、自分を大切にする鍵でもあるのです。

7月
18日
〜〜〜

　ダークチョコレートは、緑茶の3倍の抗酸化作用を持ち、コレステロールと血圧を下げるだけではなく、幸福感をもたらすエンドルフィンを放出します。喜びをもたらす神経伝達物質であるセロトニンをつくるときに必要なアミノ酸、トリプトファンのもととなるものを多く含んでいます。今日はダークチョコレートを食べて、笑顔になりましょう。心と体にとってよいことをするために。

7月
19日
〜〜〜

転んだら、もう一度立ち上がる。
わたしの心には回復する力がある。

7月
20日
~~~

「ピグレット、きみが（朝、起きたときに）考えることって、何かな？」
「今日はどんなふうに、わくわくすることが起こるかなってことだよ」
A・A・ミルン『クマのプーさん』（原題 "Winnie-the-Pooh"）

7月
21日
~~~

　理想の自分になれないのは、苦しんで闘っているからでも、心の傷があるからでも、重荷を背負っているからでも、難しすぎるからでもありません。「自分にできる」と思えないからなのです。がんばればできるという希望を失うと、自分に愛想が尽きてしまいます。起こってしまったことを変える力はないかもしれません。それでも、どんなときだって、希望を持ち、夢を描き、想像する力が私たちにはあります。

7月

22 日

~~~

　片手をお椀の形にして上に向けます。自分に向かって「わたしは自分がどんな人間か知っている」と何度か繰り返します。もう片方の手を同じようにして、自分に向かって「わたしは自分がどんな人間じゃないか知っている」と何度か繰り返します。次に、その両手を重ね合わせます。そして「それがわたし」と唱えます。

7月

23 日

~~~

息が苦しい、涙が出るといったことがあれば、いったん中止してください。できれば代わりに、少しだけ大変だった経験を思い出して進めましょう

　ノートとタイマーを用意します。タイマーを15分にセットして、つらい経験について書きます。トラウマ、つらく苦しかったこと、腹が立ったこと、悲しかったこと、あるいは、ふだんはつらくて考えないようにしていること。タイマーが鳴ったら、手を止めます。ノートを閉じて、終わりにします。次の日また、ノートを開いて、まったく同じ体験について書きます。これを4日間続けます。どんな変化が起こるでしょうか。試してください。

7月

24 日

〜〜〜

　自分のやりがいや生きがいが何か知っていると、喜びと満足感を得やすくなります。自分に問いかけましょう。力を尽くして協力したいと感じる団体、運動、機関はないでしょうか。それがどこで行われているのかを調べ、自分にできることを見つけましょう。

7月

25 日

〜〜〜

　自分には力があると信じられると、自信を持って人前に出られるものです。一方で、仕事をやり抜くのにじゅうぶんな技術を持つ人でも、「自分は力のあるふりをしているだけの偽物だ」と感じるインポスター症候群に陥ることがあります。このインポスター症候群に打ち勝つ効果的な方法があります。自分を疑う気持ちがわいて、自信が揺らいだときに「本当に、本当にそう思う?」と自分に問いかけるのです。

　「自分は力のあるふりをしている偽物だ」という思い込みに対して、ほんの少しでも「そうかな?」とそれを疑う気持ちが芽生えたら、その隙間にくさびを打ち込み、誤った思い込みを引きはがしましょう。そして、「本当のことは何?」と自問します。何が正しくて、何が誤った思い込みなのかに気づくと、自分自身を現実のなかでとらえ直し、自信を持ち、自分らしくありのままでいられるようになります。

7月
26 日
~~~

　タイムマシーンに乗って過去の自分に会いに行けるとしたら、何を伝えるでしょうか。若いころの自分に知っておいてほしいことをすべて伝え、「大切に思っているよ。あなたはよくがんばっているよ。素晴らしい」と愛と優しさ、思いやりを伝えるチャンスです。経験から学んだことをすべて振り返ってみましょう。どんな言葉で若いころの自分を勇気づけますか?

7月
27 日
~~~

　人からの評価を聞くことには、傷つくリスクがつきものです。就職活動、試験の結果、スポーツの試合、SNSで「いいね」がどれくらいついているかを確認する瞬間など、評価される機会はたくさんあります。わたしたちは「もっと上手になりたい」という気持ちと、「拒絶されて傷つくのが怖い」という気持ちのあいだで葛藤しています。けれど、皮肉なことに、フィードバックなしには、上達できません。

　そうして受けた傷がまだ生々しく、つらいときほど、自分に優しくすることが大切です。そうしないと、評価を謙虚に受けとめながら、勇気を奮い起こして立ち上がってもう一度挑戦する、といったことができません。自分にこう問いかけましょう。「この評価はどんなふうにわたしを成長させてくれるだろう?」と。

7 月

28 日

〜〜〜

　やる気や希望、勇気がわいてくるようなポジティブな言葉を書きとめましょう。この本をぱらぱらと最初から最後までめくって、今日の気持ちにしっくりくるものを見つけましょう。インターネットで探してもよいですし、自分でつくってもかまいません。アラームをセットして、今日1日で10回以上、その言葉を声に出して読みあげましょう。

7 月

29 日

〜〜〜

　「いったい何回言えばわかるの？　交差点のところまで行っちゃだめって言ってるでしょ！」。母親が4歳の息子に向かってイライラと怒鳴り始めました。子どもが車に轢かれたら大変だと心配しているようです。

　息子がこう答えました。「ねえ、ママ。それ何回も聞いたけど、『こうさてん』って何？」

　母親の怒りはたちどころに消えました。息子は注意された内容をよくわかっていなかったのだと気づいたのです。

　何だかよくわからずにいるときに、他の人が自分に腹を立てることがあります。実はこちらがよく理解していないことが原因です。勇気を持って「わからないので教えてください」と伝えましょう。

122

7月

30 日

~~~

　失敗したとき、理由を説明すれば相手はわかってくれると思いたいものです。でも、他の人が失敗したとき、自分は相手にどうしているでしょうか？　優しく理由を尋ねているでしょうか。それとも「何でそんなことをしたんだ！」と怒りますか？　相手を責め、批判してしまうのは、心の奥底に常に自分自身を責め、批判する気持ちがあるからです。それがあると、自分が失敗したときに、相手には優しくしてほしいと願いながらも、自分で自分につらく当たります。そして、自分に対して怒り、責めていると、人にも優しくできないのです。自分に優しさと思いやりを向ける練習をすればするほど、人を批判したりけなしたりせずにすみます。

7月

31 日

~~~

こんなに苦しくつらい思いをしているのは自分だけに違いない。誰にもわかってもらえないと、あなたは思うかもしれない。でも、そんなときは小説を読むのだ。本がわたしに教えてくれた。自分をこのうえなく、さいなむものこそが、今生きる人々、かつて生きた人々とわたしをつなげてくれる。

ジェームス・ボールドウィン

123

8月

「ピーター・パン」の初期の上演を観た小さな男の子はこう聞かれました。「何がいちばんよかった？　海賊かな。犬かな。それとも子どもたちが空を飛んでいるところ？」。男の子の返事はこうでした。「いちばん楽しかったのはね、劇のプログラムを小さくちぎって、バルコニー席からみんなの頭の上に紙吹雪を散らしたことだよ」

　この戯曲の作者、ジェームス・バリーはそれを聞いて笑いました。自分のことをけなされたとは受け取らなかったのです。このいたずらっ子とピーター・パンがよく似ていると思ったのでしょう。

　人に仕事や作品をけなされたとき、興味を持ってもらえなかったとき、あるいは自分のことを悪く言われたときにはよりいっそう、それを心のなかに取り入れ、自分で自分をけなしがちです。けれど、自分に優しく、思いやりを向けてみましょう。人にけなされても、「それって正しいのかな？」と考えてみましょう。それはその人の価値観や環境、心理状態による言葉であって、本当のあなたをとらえたものではありません。優しさと思いやりを自分にも相手にも向けましょう。人の言動というのは、その人自身を表したものであって、あなたを表してはいないのです。

　今日は、どんなネガティブなことを言われても、それを「この人は自分自身について、そんなふうに思っているのかもしれないな。わたしのことではないんだ」ととらえましょう。

少しでも愛したら、傷つく恐れがある。誰かを愛したら心はかきむしられ、くだかれるかもしれない。無傷のままでいたいのならば、誰にも心を明け渡してはならない。動物さえも愛してはならない。趣味やささやかな贅沢品で心を慎重に包み込み、何者ともかかわってはならない。利己主義の棺に自らを閉じ込め、安全に横たわるがいい。だが、その棺の——安全で、暗く、動きも空気もない——なかで変化は進む。壊れることがない棺は、強固になり、頑なになり、救いようがなくなるのだ。

C・S・ルイス『四つの愛』(原題 "The Four Loves")

8月

3日

~~~

「わたしのどこがだめなんだろう?」と尋ねてはいけません。「わたしのいいところはどこ?　どうすればそれをもっとよくできる?」と尋ねましょう。

8月

4日

~~~

　自分を責める心の声が、「もっといい自分になろう」とあなたを前向きにさせ、やる気を継続させたことが一度でもあったでしょうか。心の声があなたをなじり、責めるのは、目的に向かってがんばっていながらも、それがうまくいっていないように感じているときです。思いやりがあって、賢く、経験豊かな人が、あなたを励まし、勇気づけてくれるとしたら、何と言ってくれるでしょうか?

　ここで少し時間をかけ、これまで聞いたことのある言葉や本で読んだことのある言葉で、あなたを心からやる気にさせ、がんばれるように勇気づけてくれるものを思い出しましょう。その言葉を紙に書き出し、いつでも見えるところに貼りましょう。

8月

5日

〜〜〜

共感するというのは、複雑で、大変なものだ。
力強い——それでいて繊細で優しい——聴き方で、
その人の話に耳を傾け、ともにあるということだ。

カール・ロジャーズ

8月

6日

〜〜〜

「自分を思ってくれる人がいる」「自分には親しい人、大切な人がいる」「会いたい人が
いる」ということをほんの少し思い出すだけでも、思いやり深く、優しくなれることが、
学術調査でわかっています。今日は、どこへ行ったときでも、まわりを見渡しましょう。
親しい人のことを思い出させるものが何か見つかりませんか?

8月

7日

〜〜〜

わたしが賢いというわけではない。
ただ、人よりも粘り強く
問題に取り組むだけだ。

アルバート・アインシュタイン

8月

8日

〜〜〜

近しい人との関係で心に受けた古傷は、わたしたちをとらえて離しません。でもそのことばかり考えていると、知らず知らず、その傷をつくった人に執着してしまいます。こうなると、苦しみがいつまでも続きます。さらには答えのない問いのループにはまり込んでしまいます。「どうしてわたしがこんな目にあうの?」と。それよりも、もっといい問いかけがあります。「この傷があるからこそ、強くなり、勇気を持って愛することができるんじゃないかな? まわりの素晴らしいものに気づけるんじゃないかな?」というものです。

8月

9日

〜〜〜

　向日性とは、植物が光のほうを向く性質のことです。太陽が東から西へ向かうのに合わせて、光を受けられるように動こうとします。

　人間もまた、光のもとで元気になる生物です。希望を感じる方向、うれしくて、心が温かくなるほうへと向かおうとします。自分を大切にするために、この向日性を発揮して、1日を明るく照らすほうへと顔を向けましょう。

8月

10日

〜〜〜

誰かに腹を立てると、
あなたはその人に
支配されることになる。

エピクテトス

8月
11日
〰〰

わたしは完ぺきになりたいという
気持ちを手放す。
わたしは自分に対して忍耐強くなる。

8月
12日
〰〰

勇気、勇気、勇気こそが
生命の血を深紅の栄光へと高める。
勇敢に生きよ。
逆境に負けず勇気を奮い起こせ。

ホラティウス

　アスリートは視覚的なイメージトレーニングをよく行います。ベストコンディションで試合に勝つ自分、レースを完走する自分を想像します。日常生活にも応用できます。優しく、思いやり深く、勇気ある自分を想像してください。ものの見方や考え方がどんなふうに変わるでしょうか。

　目を閉じて、ゆっくりと呼吸します。目の前に立つ、自分自身の姿をイメージしましょう。この人は、とても思いやり深く、優しく、愛情豊かな人です。この人は、どんなふうに世界を見て、どんな音を聴いて、どんな味や匂いを感じ、どんな身体感覚と感情を持っているでしょうか。できる限りくっきりとその姿をイメージしましょう。準備ができたら、目の前のもうひとりの自分のなかにすっと入ります。イメージしたすべてがあなたの一部になります。ゆっくりと深呼吸をして、体で変化を感じます。それから次の文章を完成させましょう。

「わたしは今、前よりもっと_____」

わたしは、自分の大切なものを
大切にする行動を取る。

8月
15日
~~~

自分にもっと優しくなれたら、人の気持ちに共感しやすくなります。

8月
16日
~~~

　神経を逆なでする人というのはいるものです。そんな人に会うとたいていイライラします。そういう人とかかわらなくてはならない場面を避け、相手を追い払い、いやな顔をしたくなるでしょう。けれど、自分を大切にする練習をしているあなたなら、そんな場面を、さらに自分をよく理解するために活用できます。

　その人とかかわると、心の古傷がうずくのかもしれません。自分についてのネガティブな思い込みが刺激されるのかもしれません。過去の誰かを思い出してしまうのかもしれません。あるいは、見たくないような自分のきらいなところとよく似た面を、その人が持っているのかもしれません。

　こういった可能性についてじっくり考えてみましょう。すると、その関係で何が起こっているのかがもっとよくわかります。その人のこと、あるいは自分のことを誠実に、公正に見ていなかったと気づくかもしれません。これまでとは違った視点で見たとき、その人について感じる気持ちが変わりますか?

　美しい声の歌手がいました。その歌手は時間をつくっては地元の老人ホームでミニコンサートを開いていました。あるとき、弱々しい老女がいっしょに歌い始めました。歌手にとってはよくある光景でしたが、そのうちまわりの人たちが涙を流していることに気づきました。コンサートが終わり、歌手がみんなと握手をしていると、観客のひとりが歌手にハグをしました。ともに歌った老女の娘でした。老女は数年前に脳卒中を起こして話せなくなっており、今日数年ぶりに声が聞けたというのです。

　音楽には偉大な力があります。映画もテレビもBGMを使うのは、感情を盛り上げるためです。音楽は人の心を動かし、わくわくさせ、愛や喜びなど多くの感情を与えてくれます。同じ曲からたくさんの人が同じ気持ちを感じます。他の協調性を高める方法ではできないやり方で、心をひとつにしてくれます。

　今日は、音楽の力を使いましょう。心を元気にしてくれる、穏やかにしてくれる、やる気にしてくれる音楽を聴きましょう。音楽を聴いて踊りましょう。

　希望は、レジリエンス（心の回復力）、自分を大切にすることに欠かせません。少し時間をかけて、ノートに次の質問の答えを書いてみましょう。どんなことについて、希望を持ちたいでしょうか？　希望を失ったように感じたのは、どんなときでしたか？　今もそう感じますか？　もしそうではないなら、何がきっかけで変わったのでしょうか？　より愛情深くなるため、レジリエンスを高めるため、希望はどんなふうに役立つでしょうか？

8月

19日

〜〜〜〜

　誰かから悩みや心配事、葛藤などを打ちあけられたら、わたしたちはつい、話を最後まで聞かず、問題を解決してあげようとしがちです。よかれと思ってでも、求められてもいないアドバイスを始めるのは、「あなたは自分ひとりの力では解決できない」と言っているようなものです。たいていの場合、その人はただ話を聞いてほしいだけなのです。

　さらにもう一歩深く考えてみると、そこには「いい助言をしないと、役立たずだと思われる」という不安があります。そう思われないように、一生懸命、相手の問題を解決しようとするのです。

　誰かがあなたに愚痴や悩みを話してくれたら、自分のなかに浮かんでくる「解決してあげなくては」というプレッシャーに気づきましょう。解決策や助言を考えるのをやめましょう。ゆっくりと呼吸をします。そして、ただ耳を傾けます。

8月
20日
～～

傷ついた人にどんな気持ちかと尋ねたって意味がない。
ぼくの気持ちは、傷ついたその人とともにある。

ウォルト・ホイットマン「ぼく自身の歌」（原題 "Song of Myself"）

8月
21日
～～

リストをつくりましょう。自分についてすごく好きなところ、気に入っているところを書きます。得意なことは？　あなたらしいところは？

すべてを書き切るには時間がかかるでしょう。急ぐ必要はありません。2〜3個書いて、しばらくして何かをきっかけに思いついたら、また書き足します。リストを持ち歩くか、すぐ手の届くところに置いておきましょう。自分についていいなと思うところを思い出したり、いいところを新しく見つけたりしたら、すぐに書き足します。

137

8月

22日

~~~

　子どもたちは遊んでいるとき、「もう1回！」「やり直し！」という言葉をよく使います。結果が思った通りにならないと、もう1回チャンスをもらって挑戦します。

　自分を大切にしよう、自分に優しくしようという練習を重ねているときでも、ついうっかり自分を責めたり批判したりする言葉が口から飛び出すこともあります。そんなときには、遊びに夢中の子どものように「もう1回！」と言って、望ましい言葉に言い直します。過去は変えられないかもしれません。でも、わたしたちは人生が続く限り、やり直しができます。いつか、自分を愛し、許し、自分に優しくできる日まで。望む自分になれる日まで。

8月

23日

~~~

　ガラガラヘビに咬まれたら、そのヘビを捕まえて殺すこともできます。傷を手当てすることもできます。ヘビをやっつけるためにエネルギーを使えば使うほど、ヘビの毒が速く体にまわります。同じように、誰かの言動で傷ついたときには、ふたつの選択肢があります。傷つけた相手に仕返しすることもできますし、自分の手当てをして、傷を癒やす手段を調べることもできます。

〜〜〜

　心を開くためには、安心できる関係が必要です。誰にでも本心を打ちあけられるわけではありません。見知らぬ人がいきなり断りもなく、人生の出来事を何でも赤裸々にあなたに話したことはありますか？　信頼関係もないのにそんな話をされても、どうしていいのかわかりませんよね。

　心を開いて自分のことを話せる状況は、基本的にはふたつです。まず、助けが必要な場合。次に、自分の話で相手を勇気づけられる場合。

　このふたつに当てはまらなければ、自分のことを打ちあける必要はありません。隠すわけではありませんが、あなたの話はあなただけの大切なものです。それを聞く権利が、すべての人にあるわけではないのです。

　あなたの話に勇気づけられそうな人はいませんか？　心を開いて、ありのままをさらけ出しても安心な人、信頼できる人は誰でしょう？　考えてみましょう。

〜〜〜

真の瞑想とは、あなたが毎日をどう生きるかである。

ジョン・カバット・ジン

8月
26日
〜〜〜

「自然豊かなところで散歩したり、のんびり過ごしたりしてください」と患者に言う医師が増えています。外に出て、新鮮な空気を吸って、太陽の光を浴びて、いきいきした自然を味わいなさいということです。それにより、ストレスが減り、幸福感が強くなり、不安が和らぎます。心臓にもよいのです。

　病院へ行かないと始められない、なんてことはありません。自分で自分に処方箋を出しましょう。自然のなかを散歩しましょう。庭でゆっくり過ごしましょう。雨を体に感じ、夕陽が沈むのを眺めましょう。

8月
27日
〜〜〜

ハイキングに出かけよう。
探検しよう。
新しい場所に出かけ、楽しもう。

～～～

　何トンもある柱状の巨大な大理石の塊に、2人の彫刻家が挑みました。1人目は、無造作にノミをふるい、大理石が大きく欠けました。そして、「これはもうだめだ」とあきらめてしまいました。次に依頼を受けた2人目の彫刻家は、大理石を見るなり、さじを投げました。それ以降、誰もその大理石に手をつけようとしませんでした。何十年ものあいだ、大理石は庭の隅に追いやられ、放置され、風雨にさらされました。

　あるとき、20代の若者だったミケランジェロが、その大理石の彫刻を命じられました。ミケランジェロは石をじっくりと見つめました。すると、大理石のなかに誰かがとらわれているのが見えました。ミケランジェロはゆっくりと丹念に、石を少しずつ削り取っていきました。2年半かけて、こつこつ彫り進めました。そしてついに完成したとき、今や世界で知らない人のいない芸術作品、「ダビデ像」が姿を現したのです。

　わたしたちもまた、壊れた大理石を見た最初の2人の彫刻家のようになりがちです。壊れた破片を見つめ、「もう完ぺきじゃない。台無しだ。誰だって見捨てるだろう」と考えます。途方もない作業に思えて心がくじけます。ミケランジェロがその石に見た姿が見えないのです。彫り出され、形づくられ、磨かれるのを辛抱強く待っている姿が。

　この大理石のように、あなたにも素晴らしい可能性があります。あなたは、はかりしれない価値のある芸術作品です。彫り出されるのを待っているところなのです。

〜〜〜

　ドーパミンはとても強い力を持つ神経伝達物質です。快い気持ちと喜びをもたらします。ドーパミンのレベルが高いとき、人はより早く学習し、よりよく情報を保持し、より賢い判断を下します。

　何気ない親切な行動をすると、脳内のドーパミンレベルがぐっと上がります。今日は、誰かに親切なことをしてみましょう。秘密の任務です。誰にも気づかれることなく、このミッションを遂行しましょう。終わったら、ノートに感想を書きとめます。親切な行為をして、どんな気持ちになりましたか？　誰かのための親切だったはずなのに、自分自身にとってもよい結果になったのではないでしょうか。

〜〜〜

今まで先延ばしにしてきた決断で、
「今日、するべきだ」と
直感が告げるものは何だろう?

~~~

　マントラ（6月19日参照）は、よりよい瞑想ができるよう、使われるツールです。世界中のさまざまな文化、言語、伝統で見られます。サンスクリット語で「心のツール」「心の乗り物」という意味です。心を清め、体を鎮める言葉、音、フレーズを指します。浮かんでは消える落ち着かない思考を手放し、ひとつのものへと集中しやすくしてくれます。マントラに注意を集中することによって、瞑想中の雑念や心配事、記憶、その他の気を散らすものを鎮めます。

　もっとも有名なマントラは「オーム」という音です。繰り返し声に出して、あるいは心のなかで唱えます。マントラを使った瞑想の方法について教えてくれる資料がたくさんあります。今日は、自分にしっくりくるマントラを見つけましょう。インターネットや本で探してもいいですし、自分でつくってもかまいません。マントラを使って瞑想する実験をしてみましょう。

9月

♥

9月

1日

~~~

わたしたちがしていることは、大海に一滴の水を落とすようなものでしかないと感じるでしょう。けれど、その一滴がなかったら、海水は一滴分少なくなります。偉大なことをする必要はないのです。わたしたちにとっては、目の前にいるただひとりの人が大切なのです。

マザー・テレサ

9月

2日

~~~

　自分を愛するというのは、わがままな気持ちの言うなりになることではありません。自分を大切にするために、こうしようと決めたことを守り抜くことです。「あなたには価値がある。あなたは大切な存在だ」ということを自分自身に伝えるために。

　たとえば、同僚や友達が約束を破ってばかりいたら、どうでしょうか？　信頼なんてできませんよね。同じように、自分の信頼も勝ち取らなくてはなりません。自分との約束を守りとおし、「信じてもいいよ。あなたを守るよ」と伝えましょう。

9月
3日
~~~

心と体に豊かな栄養を届けることはとても大切です。そして、それと同じくらい、魂に栄養を与えることも大切です。方法はたくさんあります。大好きな歌を歌う、瞑想ガイドを聞きながら実践する、気分がよくなる文章を読む、何気ない親切な行為をする、感謝していることやありがたく感じることを思い出すなど。今日ひとつ選んで実行しましょう。

9月
4日
~~~

名高いピアニストであり作曲家のイグナツィ・ヤン・パデレフスキはこう言いました。「1日練習しなければ、その違いに自分で気づく。2日練習しなければ、批評家が気づく。3日練習しなければ、観客が気づく」

それが楽器の演奏であれ、方程式を解くことであれ、健康のための運動であれ、継続するためには、自分を叱咤激励してがんばらせる必要があります。それを聞いて、気が重くなり、うんざりするかもしれません。でも、そうすると逆に自由になれるのです。これまでにはなかった可能性の扉が開かれます。

毎日、自分や人に優しくする練習も、これと同じです。練習を続けるように自分を励ますことで、さまざまな可能性が生まれます。そうやって味わう自由、自分とこの世界について得た知恵、あなたのために開いた扉が、きっとあなたを驚かせることでしょう。

～～～

わたしは何だって乗り越えられる。

～～～

目を閉じてみましょう。なぐさめてほしいとき、支えてほしいとき、誰に頼りますか? その人の顔を心に思い浮かべましょう。あるいは、誰とうれしいことを祝いたいでしょうか?　ハグしてほしいとき誰に頼みますか?　あなたを笑わせてくれるのは誰ですか? 何もしなくても、いっしょにいて楽しい人は誰ですか?

次に、人からあなたが同じように思われるかどうか考えてみましょう。あなたらしい、くせのあるユーモアを楽しんでくれているのかもしれません。つらい状況にあるとき、責めたり批判したりしない人だと信頼してくれているかもしれません。静かで思慮深いところがいいと思ってくれる人もいれば、とっても陽気で元気いっぱいのところが素敵だと思ってくれる人もいるでしょう。誰も、すべてを満たす存在にはなれません。けれど、あなたらしい魅力や、おもしろいところ、心をなぐさめてくれるところを、きっと人は頼りにしていることでしょう。

9月

7日

~~~

　昔のポリネシアの人々は、GPSもコンパスも持たずに、小さな双胴のカヌーで島から島へと航海していました。

　いったいどうしてそんなことができたのでしょう？　彼らは、星がそれぞれ水平線のどこから昇り、どこへ沈むかを知っていました。そのパターンをもとに航路を考え、進行方向を少しずつ修正しながら目的地までたどりついたのです。

　人生という海のなかで航路を見失ったように感じることもあるかもしれません。遭難しかけていると感じたら振り返り、これまで進んできた道のりを照らす希望の光を見つめましょう。あなたの人生において、その光の役割を果たす人は誰でしょう？　あなたはひとりじゃないと教えてくれるのは誰でしょう？

9月

8日

~~~

失敗は受け入れられる。誰だって失敗するんだ。
でも、ぼくには受け入れられないことがある。
それは挑戦をやめること。

マイケル・ジョーダン

9月
9日

〜〜〜

　あなたは完ぺき主義ではありませんか？　ときとして、その完ぺき主義が、自分を大切にするのをじゃまします。できる限りいい状態でありたいと願うのはかまいません。人間として当たり前の願いです。でも、物事が**完ぺき**になることはほとんどないと理解するのも、大切なことです。

　素晴らしいことわざがあります。「『完ぺき』を『上々』の敵にするべからず」。自分に対して、非現実的な期待をしていないか、見直しましょう。100%完ぺきじゃなくても、「まあ上々」でよしとすれば、満ち足りた気持ちになれるのです。

9月
10日

〜〜〜

　鏡をのぞきます。まっすぐ自分の目を見つめます。気が進まないかもしれません。これまで、自分をまっすぐ見つめることなく生きてきたかもしれません。それでもかまいません。今だけ、ちょっとがんばって鏡の自分をまっすぐ見つめます。次の言葉を3回ずつ、自分に向かって声に出して唱えます。

　　わたしが幸せでありますように。
　　わたしが今日、喜びと愛情を感じ、穏やかな気持ちになれますように。
　　わたしが苦しまずにいられますように。

ミラーリングという心理テクニックがあります。相手の姿勢やジェスチャーを、相手に気づかれない範囲でさりげなくまねるのです。これによって、相手だけではなく、自分自身とも波長を合わせ、心を合わせることができます。相手と自分が今どんな状態か、どんな気持ちかがより深くわかるのです。

　今日はミラーリングを試してみましょう。どんなことが起こるでしょうか?

できないことなんて、何もない。
Impossible（不可能）という言葉にもそう書いてある。
"I'm possible!"（「わたしはできる!」）ってね。

オードリー・ヘップバーン

9月

13日

〜〜〜〜〜

　同意のないまま何かが奪われたと感じたとき、怒りがわき上がります。でも、怒りを声にするのは怖いものです。小さいころから、怒ってはいけないと言われて育った人も多いでしょう。

　怒るのを我慢しすぎて、いったん怒りを表に出すと爆発して手がつけられなくなるから、怒りは怖いもの、絶対に外に出してはいけないものだとさらに強く思うようになった人もいるでしょう。でも、怒りを健全なやり方で表現できれば、あなたはもっと自由になれます。「わたしは怒っています。なぜなら……」と声に出すと、自分が本当に望んでいることを行動に移す力がわきます。

　怒りを表すのは怖いかもしれません。怒りの感情を見つめるときには、自分に優しくしてください。怒りを抑えたときのことをノートに書いてみましょう。怒りを伝えながらも、相手を尊重する話し方をしている人はいませんでしたか？　思い出してノートに書きましょう。自分や誰かが怒りを爆発させて怖かった記憶があれば、それも書きます。怒りを表に出すことについて、「こうしてはならない」「こうすべき」「怒りを表すのはこういう人」という思い込みがあるかもしれません。それは何でしょう？

9月
14日
〜〜〜

わたしは眠り、夢を見た。
そのなかで、生きることは喜びだった。
わたしは目覚めて気づいた。人生とは奉仕であると。
わたしは奉仕し、眼を開いた。奉仕は喜びだった。

ラビンドラナート・タゴール

9月
15日
〜〜〜

　自分を信じると、優しくなれます。思いやり深く、愛情深くなれます。自分を情けなく思う気持ちにのみ込まれません。「きらわれるんじゃないか」と恐れません。秘密にしなくていいのです。自由になれるのです。自由に愛せるのです。優しくなれます。ネガティブな思い込みがあっても、「それって本当？」と自由に問いかけられます。自分に優しく、人に優しくすると、もっと自分に正直になれます。自分に正直になれると、さらにもっと自分に優しくなれるのです。

9月
16日
〜〜〜

　緑、赤、黄色、オレンジ、紫。ビタミンカラーの新鮮な食材をたくさん使って料理をつくりましょう。ひとりで味わうもよし。大好きな人といっしょに味わうもよし。

9月
17日
〜〜〜

　環境美化週間に、荒れ果てた公園をきれいにしようと、近所の人たちが集まりました。子どもたちがその公園で遊ばなくなって久しく、遊具はぼろぼろで、雑草は伸び放題、あちこちにいたずら書きがあります。人々は始める前から途方に暮れました。長く暑い1日になりそうです。

　そのとき、トラックが来て停まり、地元の大学生のグループが公園に飛び込んできました。音楽を大音量でかけ、歌って笑いながら清掃作業を進めます。ほんの数時間で公園はすっかりきれいになりました。

　助けを求めている場所はたくさんあります。今日は自分を大切にする行動の一環として、ボランティア活動を取り入れてみましょう。ビーチクリーン作戦に参加する、保育園や小学校で読み聞かせをする、災害支援活動に参加するなど、多くのところでボランティアが求められているので、きっとあなたにぴったりのものがあるでしょう。どんな人にあなたの支援の手を届けますか?

9月

18 日

〜〜〜

レジリエンス（心の回復力）を高めるため、自分の強みに気づきましょう。思いつく限りのあなたの強み、長所、得意なこと、才能などを書き出します。書き終わったら、あなたを大切に思ってくれる人に、書き加えるべきことがないか聞いてみましょう。

9月

19 日

〜〜〜

自由な時間が最大限にある者が、
その時間を有益に使うことはまずない。
1日1時間、興味のあることを勉強し続ける者は、
思いもよらないほどの知の蓄積を手にする。

ウィリアム・エラリー・チャニング

9月
20日
〜〜〜

ひとつだけ、失敗を振り返ってみましょう。目を背けずに。過去を振り返れば、次に
どうすればうまくいくか学べます。その失敗でどんなことを学び、どう成長しましたか？
自分に「失敗から学んでくれてありがとう」と伝えましょう。

9月
21日
〜〜〜

　人はみな、自分を責める心の声と闘っています。自分はだめな人間で、無力で何の価
値もないと告げる声と格闘します。そんな声がとくに強くなったときのことを書き出し
てみましょう。そのとき何があったのでしょうか。

　次に、一歩下がって先ほど書いた文章を眺めてみます。事実を100％反映したものか
どうかチェックします。事実とは、他の人にもそう見える、聞こえる、触れる、味わえ
るものです。動画で撮影したら映るものです。思考や感情、解釈とは別です。事実にも
とづいた文章を「〇」で囲みましょう。

「〇」で囲んだ文章はいくつありましたか？　とても少なかったのではないでしょうか。
「〇」で囲んだ文章だけを使って、事実だけを抜き出して書き直しましょう。新しい文
章を読んで、どう感じますか？

9月

22日

~~~

心を開いて、傷つきやすく無防備な
自分のままでいるしかない。
リスクを取ろう。誰かと心を通わせたかったら。

ブレネー・ブラウン『不完全という贈り物』
（原題 "The Gifts of Imperfection"）

9月

23日

~~~

　つらかった経験をまとめて年表にしましょう。生まれたときまでさかのぼって書いて
もいいですし、もう少し短い期間に限ってもかまいません。書けたら、それぞれの出来
事について、あなたにとっての「天使」役を果たした人を見つけましょう。つらいとき
にあなたを愛し、支え、守り、前へ進めるよう勇気づけてくれた人です。別のリストを
つくってその人たちの名前を書きます。思っていたよりもたくさんの人が温かく支えて
くれたと気づくかもしれません。この新事実についてどう思いますか？

24日

わたしは、決してあきらめない。
前へ向かって進み続ける。

25日

　世界がしんと静まり、時間の流れが緩やかになり、「すべて世はこともなし」と感じる瞬間があります。たとえば、森でシカの群れに出会ったとき。シカがいっせいに耳をアンテナのように立て、ぱっと跳び去っていく。たとえば、初めて見た蛍。たとえば、夕陽が海に沈む瞬間。何の計画も準備もなく、天から降ってわいたような瞬間。そんな美しい瞬間を思い出しましょう。それを思い出して今どんな気持ちになったか、ノートに書きましょう。

9月
26日
~~~

　体はいつもわたしたちに何かを伝えようとしています。けれど、わたしたちはそれに必ずしっかりと耳を傾けているとはいえません。もっと練習が必要です。これからお伝えする練習方法によって、よりうまく体の声に耳を傾けられるようになります。最近、強い感情を意識したのはいつでしょうか。その記憶をたどり、今ここで、そのときの感情を再現してみましょう。体はどんな感じになるでしょうか。感情が強ければ強いほど、より体の声に気づきやすくなります。

　まずは感情に「怒り」「悲しみ」など、ラベルをつけましょう。それが不快なものであれば、身近な人との関係で心に受けた古傷がかかわっているかどうかを考えてみます。その感情を抑えることなく、心と体で感じるままにして、自分の体にこう尋ねます。「今、どうしてほしい?」。そして、耳を澄まします。答えがわかるまで、数分かかるかもしれません。

　体があなたに何かを伝えようとしています。何が必要でしょうか?　ハグかもしれません。マッサージかもしれません。水が飲みたいのかもしれません。「そのままでいいんだよ」と受けとめる言葉や、「大丈夫だよ」と安心させるしぐさが必要なのかもしれません。体が求めているものがわかったら、それを健全なやり方で満たしてあげましょう。

9月
27日
~~~

許すことで、わたしもまた、癒やされる。

9月
28日
~~~~

心が不安定なとき、途中で気分が悪くなったときはすぐに中断して、なるべく楽しいこと、リラックスできることをしてください。つらいときは休みましょう

　想像してください。映画館の最前列に座ります。自分の体からふわりと飛び出して、体はそのままにして映写室へと向かいます。そして映画を上映します。ガラス越しに映画と、シートに座ってそれを見ている自分が見えます。映画はあなたのいつもの朝を映したドキュメンタリーです。行動を見せるだけではなく、あなたの考えを音声で流しています。最前列に座った自分が、悲観的で自己批判に満ちた心の声をすべて聞いています。

　映写室のあなたは、最前列に座るもうひとりの自分を見つめます。どんな気持ちで見ているのでしょう。映画のなかの自分と、それを見ている自分に、優しい気持ちや思いやりを持てるでしょうか。最前列の自分にどんな言葉をかけてあげたいですか？　映画のなかの自分にどんな言葉をかけてあげたいですか？

　この練習方法はかんたんではありません。もしかしたらつらい気持ちになるかもしれません。注意がそれたら、ゆっくりと深呼吸をしてもう一度やってみましょう。「強化遠近法」を体験する練習です。より客観的に自分を見ることができます。いつもの自分から一歩引いて自分を見たうえで、さらにもう一歩引いた自分から、より広い視野で物事を見ます。自己批判が弱まり、自分に優しさと思いやりを感じやすくなります。この遠くから自分を見る視点は、自分を癒やす旅のお供として役立ってくれることでしょう。

9月
29 日

~~~

もし人生を、この瞬間を、本当にありのままに
受け入れられたなら、どんな感じだろう?

タラ・ブラク『ラディカル・アクセプタンス』
（原題 "Radical Acceptance"）

9月
30 日

~~~

　人と深く心を通わせたいと思うとき、自分の価値観と、それがどこから来ているのかを理解するとよいでしょう。自分と人を大切にするために、自己理解は欠かせません。どんな経験から価値観や信念がつくられ、影響を受けたのでしょうか。小さな子どものころの経験や、10代の経験から来ているものもあるでしょう。それは成長とともに変わるものでもあります。学んだこと、経験したこと、乗り越えたことから、あなたの核となる信念が形成されます。

　人の価値観や信念はどんな経験によってつくられているんだろうと、好奇心を持つこともまた役に立ちます。それについて誰かと話し合うと、あなたの価値観を通さずに、その人自身をもっとクリアに見ることになります。包み隠さず、ありのままの自分を人に伝えるなかで、今の自分について新たなことに気づきます。自己理解が深まり、もっと自分を大切にできます。

10月

♥

10月
1日

〜〜〜

昨日よりも今日、
わたしはもっと
自分を信じようとしている。

10月
2日

〜〜〜

**自分の思考をすべて信じるな。
思考はただの──思考にすぎない。**

アラン・ロコス『ポケットの平和』
（原題 "Pocket Peace"）

10月
3日
~~~~

　今自分が何をしているのか、それは何のためなのかを意識すると、レジリエンス（心の回復力）が高まります。この「何のために」が大切なのです。たとえば、何をどう食べるか。会議と会議のあいまに手軽に食べられるものをさっと口につめ込んではいませんか？　それとも、ゆっくりと落ち着いて、味、香り、舌触りを味わってから飲み込んでいますか？

　立ち止まり、自分が今何をしているのかを意識すると、辛抱強くなります。この辛抱強さが、レジリエンスを高めます。心からおいしいと思えるものを食べましょう。ゆっくり一口ごとに、味や香り、舌触りを楽しみましょう。

10月
4日
~~~~

　問題に進んで取り組み、解決しようとするのは、自分を大切にする練習になります。「あなたのことを信じてるよ。あなたならきっとできるよ」という自分へのメッセージです。

10月
5日
~~~

　自分を責める心の声なんて、消してしまいたい、絶対に来てほしくない、避けたい、そう思うのは当然です。ただ、そう思っても、気持ちは穏やかになりません。この心の声が、実はわたしたちを助けようとしていること、ただそのやり方が間違っていることに気づけば、それに対して優しさと思いやりを向けられます。

「だいっきらい！　あっちへ行って！」と言う代わりに、こんなふうに伝えてみましょう。「わたしがこれ以上傷つかないように、完ぺきにしようとしてくれているんだよね。でも、あんまりうまくいってない。そのせいで実はもっと苦しくなってる。たまに失敗もしちゃうけど、それでもいいんだよ。失敗しても、わたしのことを大切に思ってくれる人がそばにいる。だから大丈夫なんだよ。心配してくれてありがとう。これからは、もっと自分のこと大切にしていくからね」

　自分を責める心の声に対してこんなふうに応じると、ほっと安心し、その声も敵ではなく自分の仲間なのだと感じられます。今日、自分を恥じ、批判する心の声が聞こえてきたら、上記の言葉で優しく応えましょう。どんなことが起こるでしょうか？

10月
6日
~~~

　今日は30分間、散歩をしましょう。新鮮な空気を胸いっぱいに吸って。顔に、腕に、太陽を浴びて。雨が降っているなら、傘をさして。

7日

〜

人生のもっとも難しい試練は、
自分自身を許すこと。

10月

8日

〜

親切にするのに早すぎるということはない。
いつ手遅れになるかわからないのだから。

ラルフ・ウォルドー・エマソン

~~~~~

　潜水艦が海上にいるとき、操縦士はGPSを頼りに舵を取ります。でも、海中では、ソナーを使った、まったく異なるシステムに頼ります。ソナーは、発した音波の反射を利用してまわりにある物の位置や動きを探ります。ソナーがうまく探知できるようにするには、潜水艦は速度を落とし、自身の発する音波をできる限り小さくしなければなりません。

　わたしたちも同じです。自分自身が忙しく、うるさくしていると、体のメッセージを聞き逃します。世界がわたしたちに伝えようとしていることも聞こえません。気が散るものがあまりに多いのです。

　潜水艦の艦長は、ソナーを使うと決めたら、乗員に艦を静かにさせるよう命じます。わたしたちも同じことができます。今日は少し時間を取って、気が散るものを遠ざけ、瞑想をして、自分が本当に何をしたいのかという心の声に耳を澄ましましょう。練習すればするほど、うまくなります。辛抱強く取り組みましょう。小さな声に耳を澄ませましょう。

〰〰〰

　夜空を見上げると星が見えます。何千光年もかなたから届く光です（1光年は約9兆5000億km）。わたしたちは遠い昔の星の記憶を見ているのです。その星がもう存在していないとしても（数億年前に消滅している可能性だってあります）、その光はわたしたちを勇気づけてくれます。星を頼りに大海原を旅する航海士もいました。星からひらめきを得て、数々の詩、絵画、歌がつくられました。星々の探索のためにロケットと望遠鏡が発明されました。気の遠くなるほど広大な空をただ楽しむ人々もいます。

　こんな星々のように、あなたのなかにも光があり、この世界をよりよい場所にしています。誰かの心に触れ、その1日を明るく照らす光です。誰かがその光を道しるべにしているかもしれません。

　あなたがこの地球を去ったあとでも、その光はいつまでも残ることでしょう。どんなふうに人々の記憶に残りたいでしょうか？　どんな人の心に触れたいですか？

～～～

口数を減らせ。耳を傾けよ。
ふたつの耳、ひとつの口を持って
生まれたのには、わけがある。

～～～

　西洋の人生観はこうです。「一生懸命がんばれば、成功する。成功すれば、幸せになる。成し遂げたことに満足できる」。東洋の人生観はこうです。「あなたは今この瞬間、幸せになれる。まだ目標を達成していなかったとしても」

　どちらの考え方にも利点があります。ダイエットを例にしましょう。西洋の考え方では、体重を減らし、目標の体重になったときに喜ぶよう勧めます。目標に向かってがんばろうとします。東洋の哲学では、今この瞬間に、ありのままの体を愛するように勧めます。ふたつは「陰と陽」です。幸せに向かって自分自身をがんばらせる「陽」と、ありのまま自分を認め、優しく癒やす「陰」の両方が必要なのです。

～～～

　自己中心的になっているときというのは、自分にとって大切なものを失う恐怖に駆られ、それを失わないようきつくしがみついている状態です。きつく握りしめるほど、自分や他の人を傷つけますが、あまりに自分のことで頭がいっぱいで、それに気づきません。

　それに比べて、自分に優しくするのは、階段を上るときに手すりをつかむようなものです。手すりにつかまってバランスを取りながら、着実に前へと進みます。頭で自分のことばかり考えるのではなく、転ばないよう体をしっかりと支えます。手すりにつかまれば、うしろから上ってくる人に助けの手を差し伸べ、その手を引いてあげることもできます。

～～～

誰でも怒ることはできる。かんたんだ。
だが、正しい理由で、正しい強さで、正しい時間に、
正しい目的で、正しいやり方で怒るのは、
誰にでもできることではなく、かんたんなことではない。

アリストテレス

　右手を左の腋にはさみます。その手をはさむ腕と体のぬくもりを感じます。手の強い存在感を確かめます。何か浮かぶ感情がありますか?　今度は、左手を右肩の上もしくは右腕に置きます。手を上下に動かしてもよいかもしれません。左の手のひらと右腕の温度の違いに気づきます。自分をこうしてハグしていると、どんな気持ちになるでしょうか?

　2〜3分そのままにします。それから、左手を額に当てます。どんな感じがしますか?体温、肌の感じ、触れている感覚に注意を向けます。感情はどうでしょう。何か浮かんできましたか?　心には何か変化がありますか?

　2〜3分そのままにします。それから、左手をお腹に当てます。呼吸をします。お腹の体温、肌の感じ、触れている感覚はどうでしょうか?　感情や考えが浮かんできたでしょうか?

　どの場所に手を当てたときが、いちばん心地よく感じられましたか?　その場所にもう一度手を当てて、今度はもうちょっと長い時間そのままにします。その感覚をゆっくりと味わいます。

　共感力とは、学べば身につけられるスキルです。楽器の演奏、スポーツ、外科手術、オイル交換と同じように。生まれつき共感力が高い人もいますし、かんたんに習得できない人もいますが、どちらも赤の他人に共感するためには練習を重ねなければなりません。

　それでは、練習をしてみましょう。誰かと意見が合わなかった場面を思い出してください。ノートを開いて左のページに、その人の視点からその場面がどんなふうに見えるかを描写します。できる限りその人の立場から詳しく書きます。次に右のページに、その人の感情を推測して書きます。

　どうでしょうか。書いてみてどんなことに気づきましたか？　自分やその人の見方が変化しましたか？

~~~

自分のことを大切に思うからこそ、
自分にとって本当にプラスになる選択をする。

~~~

　アメリカでは、何百もの高校が伝統的な成績票を廃止しました。AからFの代わりに色で評価をつけます。その科目を修了したら青色、「未修了」のときは赤色です。想像してください。落第だと評価されるのではなく、「正しい方向に進んでいますよ。がんばって」というメッセージをもらうのです。

　これからは、目標が達成できなかったとき自分に「失敗だ」ではなく、こう伝えてみましょう。「正しい方向に進んでいるよ。あきらめないで。大丈夫。きっとできるよ」と。

10月
19 日

~~~

優秀な師はその頭脳を称えられるが、
優しく、温かな思いやりを持って指導する師は深く感謝される。
何を教えるかも大切だが、温かさこそが、植物が育つため、
そして子どもの心の成長に欠くべからざる要素である。

カール・ユング

10月
20 日

~~~

　安心とQOL（クオリティ・オブ・ライフ、生活の質）において、人とのつながりは欠かせません。人の脳は、人とのかかわりを求めるようにできています。人を思いやり、世話をするようにできています。DNAに刻まれているのです。人とより深くかかわれるのは、自分自身を愛し、大切にできているときです。

175

〜〜

あなたの望み、価値観、夢、信念は、
価値ある大切なもの。
そう信じていい。

〜〜

　自分を恥じ、責める気持ちで頭がいっぱいになると、自分を許せなくなります。そんな心の声は、失敗した自分を罰し続けるように命じます。たとえ、どんなに長く苦しんでいようとも。起きたことを蒸し返し、繰り返し考えさせ、後悔させます。何をどうしても過去を変えることはできないのに。この感情に責めさいなまれるときには、こんな言葉を繰り返しましょう。「過ぎたことは過ぎたこと。過去を変えることはできない。できるのは、今この瞬間に、未来を変えるために何か新しいやり方を試すこと。前に進もう」と。

10月

23日

～～～

　自分を偽る仮面をつけると、喜びも穏やかな気持ちも感じられません。感情は変わっていきます。怒りが激怒になり、憤怒になります。悲しみが、うつや無気力へと変化します。恐怖が不安へと姿を変えます。人がこの仮面をつけるのは、傷ついているからです。仮面を外すのはとてつもなく怖いもので、弱さを隠さずに見せる勇気がなくてはできません。

　あなたの仮面の下にはどんな痛みや苦しみがあるのでしょうか。それは心の古傷でしょうか。身近な人に見捨てられた、拒絶された、無視された、裏切られた、虐待されたときの心の傷、あるいは大切な人を失った傷でしょうか。仮面を外したら、痛みや苦しみのもとになっている傷に手当てをすることができます。ささやかな親切であっても、傷を優しくケアすることができます。でも、そのためにはまず仮面を外す必要があります。

10月

24日

～～～

レジリエンス（心の回復力）は、
スキルとして身につけられる。
わたしは、もっともっと強くしなやかに、
回復する力を身につける。

10月
25日
~~~

　プールで誰かが溺れているのに気がついたら、すぐに行動を起こしますよね。助けを呼んだり、自ら浮輪を持ってプールに飛び込んだり。

　でも、もしあなたがつらくて苦しい人生の海で溺れかけているとしたら、浮輪に向かって手を伸ばすでしょうか。それとも、自分を弱く情けないと恥じる気持ちがあなたの足を引っ張り、海の底へと引きずり込もうとするでしょうか。苦しくてたまらないとき、心の救命ロープに手を伸ばせますか？　助けを呼べますか？　自分を勇気づけ、励ます言葉をかけられますか？

10月
26日
~~~

勇敢さは、
自分を欺かないところに生まれる。

ペマ・チョドロン（チュードゥン）『あなたをおびえさせる場所』
（原題 "The Place that Scare You"）

10月
27日

〜〜〜

　身近な人との関係で心に受けた古傷が痛むときに、人が取る行動にはいくつかの決まったパターンがあります。腹を立てて仕返ししたくなるか、関係を切ろうとするか、何も感じないよう心を閉ざすかするのです。

　こういう行動を取ったときは、それに気づくようにします。そして、「古傷が痛むんだ」と理解します。自分の感情に「怒り」「悲しみ」といったラベルをつけます。心と体のスピードを落として、ゆっくりと呼吸しながら自分に問いかけます。「今わたしには何が必要だろう？」と。

10月
28日

〜〜〜

今日は何て素晴らしい日。
こんな日は、初めて。

マヤ・アンジェロウ

179

10月
29日
~~~~~

「石のスープ」という民話があります。飢えた旅人が小さな村を訪れました。村人はその旅人を不審がり、冷ややかな態度を取りました。旅人は家を一軒一軒まわって、食べ物を分けてほしいと頼みました。村人は誰もドアを開けようとせず、話すらしようとしません。旅人はあきらめ、村の広場で火をおこしました。リュックから鍋を取り出し、噴水の水を汲んで火にかけました。それから広場のまわりの石を拾って鍋に入れました。村人はその様子をじっと窓から見ていました。ついにひとりの女が旅人に近づき、何をしているのかと尋ねました。

「石のスープをつくっているんですよ」

「石のスープだって？　そんなもの聞いたことがないよ。うまいのかい?」

「とてもおいしいですよ。でも、ニンジンがあればもっとおいしくなるのですが」

「ニンジンなら家にあるから持ってくるよ」。その女は家へと走っていきました。

　すぐに村人たちが集まってきました。それぞれが野菜を持ち寄って鍋に入れました。

　最後には、旅人は村人みんなと石のスープを分け合いました。

　あなたはどうでしょうか？　今日誰かと何かを分け合えますか？　人と何かを分かち合うのは、人を愛し、また人から返ってくる愛を感じる美しい方法です。

10月

30 日

〜〜〜

　人に共感するのは楽ではありません。それが極めて大切なものであることを、人はつい忘れてしまいます。自分の視点からのみ世界を見て判断を下します。その楽さにあぐらをかきます。しかしそれは孤独な生き方です。共感できれば、人とつながることができます。驚くべき解決法が見つかり、人生が充実したものになります。そのためには懸命に心を尽くし、努力しなくてはなりません。それは、あなた自身とあなたのまわりの人にとって、とても価値のあることなのです。

10月

31 日

〜〜〜

ささやかな感情は偉大な指揮官だ。
気づかれることなくわたしたちを率いる。

フィンセント・ファン・ゴッホ

11月

11月
1日

~~~~

「あなたなら大丈夫。きっと正しく判断できる。その力がある」と自分を信じたとき、自分にとっていちばんいい選択ができます。心のなかにいるもうひとりの自分が、「こうするべきだ」「こうするべきではない」と言っても引きずられずに、自分の行動を選び取れます。

　自分にとってもまわりの人にとっても最善の結果をもたらす選択は何か、時間をかけてゆっくり考えましょう。それから、喜びを感じる行動、自分らしく自由でいられる行動をひとつひとつ選びます。そうしてみて、どれほどいい選択ができるようになったか、ノートに書きましょう。

11月
2日

~~~~

　今日は時間を見つけたら、すぐに温かく気持ちのよいお風呂に入るか、シャワーを浴びましょう。入浴剤やアロマオイルを入れて、筋肉の緊張を和らげ、ストレスを流しましょう。

11月
3日
~~~~

あなたの人生を変えた人にあてて、
感謝の手紙を書こう。

11月
4日
~~~~

人生というのはでこぼこ道です。どこまでもなだらかな道が続くことを期待していると、障害にぶつかったとき、「こんなはずではなかった」と苦しみます。「人生のなかで、誰もがときには困難に突き当たるものだ」と思っておけば、心の準備ができます。つらく厳しい道に差しかかったときに、「ああ、今は苦しいときだ。自分は今苦しいんだ」と思えます。そして、苦しんでいるのは自分ひとりではなく、助けてくれる人もいると気づきます。さらにはまわりを見渡して、自分と同じように困っている人を見つけ、手を差し伸べることもできます。

11月

5日

～～

人生における唯一の、もっとも効果的な投資がある。
それは自分自身への投資だ。
人生を切り開き、人生をよりよいものにしていくとき、
自分が持つたったひとつの道具は、自分自身だ。

スティーブン・R・コヴィー

11月

6日

～～

　自分を許せないのは、今までに犯した過ちを償っていないからかもしれません。償いとは、壊したものを直し、失われたものを取り戻そうとする試みです。償いたい人はいますか？　償いが必要な相手のこと、与えた傷、自分のせいで相手がどうなったか考えるのはつらいものです。でも、振り返ることで、失った信用を取り戻すために何ができるかがわかります。じゅうぶんな償いができたと感じたとき、自分を許しやすくなるかもしれません。

11月

7日

1950年代、タイで、漆喰とガラスでできた巨大な仏像を新しい寺院に移動する最中、クレーンのロープが外れ、仏像が地面に落ちました。

大変なことになったと、作業員たちが仏像のところへ駆けつけました。すると驚くべきことに、欠けた漆喰の隙間から黄金が見えたのです。漆喰とガラスを慎重にはがしたところ、金合金の仏像があらわになりました。

歴史家は次のように考えました。200年前、王国が侵略者に襲われたとき、僧たちは仏像を守るために、粘土と漆喰、ガラスで仏像を覆ったのではないかと。村は侵略者に攻撃され、廃村となりましたが、仏像は手つかずのまま残されていました。

自分にも、同じようなことをしたままではありませんか？ あなたは自分の真の価値に気づいていますか？ その素晴らしい価値を覆い隠していないでしょうか。

11月

8日

ほんのちょっとしか進んでいなかったとしても、前に進んでいることに変わりはありません。一歩前進した自分を褒め称えましょう。たとえそれがほんの小さな一歩であっても。

　運転中、うんざりする標識に出くわすことがあります。「この先道路工事中。ご協力ください」。目的地までの時間を見積もり、ルートも決めて家を出たのに、道路工事のせいで渋滞になり、長い列ができています。係員が旗を振って通してくれるか、迂回路を案内してくれるまで、ひたすら待たなくてはなりません。計画通りにいかなくてイライラするかもしれません。でも、イライラすれば、待ち時間がもっと耐えがたいものになるだけです。

　人生は遠回りの連続です。文字通りの意味でも、比喩的な意味でも。予期せぬ道路工事に出くわしたとき、自分を思いやる方法に「認知再構成法」があります。楽観的で、ポジティブな、新しい見方で道路工事をとらえるのです。「道路工事のせいで遅刻だ。ぜんぜん前に進まない」と言うのではなく、「最高だ！　読みたかった本を今のうちにオーディオブックでたくさん聞こう」と言ってみるのはどうでしょう？

　いやな出来事、あるいは自分を責めたり批判したりしたことをひとつ、思い出しましょう。それをポジティブな言い方に変えましょう。大げさにすればするほど効果大です。たとえば、「今日、工事のために迂回できてよかった！　いつもの道を通っていたら、宇宙船が発する光に吸い込まれて誘拐されていたに違いない！」なんてどうでしょう？

11月
10日
～～～

わたしは、時間をゆっくり取って、
体と、心と、頭と、魂に栄養を送り込む。

11月
11日
～～～

　自分に優しくするのが怖いのは、当たり前です。がんばらなくてはいけないことでも自分に甘くしすぎるんじゃないか、責任逃れして怠けてしまうんじゃないかと、心配になるかもしれません。自分に厳しくできなくて、弱くなって、自分を改善する気になれなくなるんじゃないかと思うかもしれません。でも、驚くべきことに、研究によってこんなことが明らかになっています。自分に優しくできる人のほうが、いろんなことをがんばれるのです。幸福感が高く、レジリエンス（心の回復力）が強いのです。

　自分に優しくするのが怖いという気持ちを克服してみませんか？　まず、「自分に優しくしたらこうなってしまうんじゃないか」と、心配なことを書き出してみます。次に、それを見直して、「怖くて当たり前だよ。誰でも心配になるんだ。いいんだよ」と自分に声をかけます。そして、優しく勇気づける言葉を書きます。新しいことに挑戦しようとして、怖がっている小さな子どもにどんな声をかけますか？　「きっとうまくいくよ。大丈夫。あなたならできるよ」などでしょうか。

12日

~~~~

この世は、光と善なるものに満ちている。
感謝という眼鏡を通して
世界を見ると、よくわかる。

11月

13日

~~~~

　自分を責める心の声は、「何をやってもだめだ」「どうせ失敗するに違いない」と嘘を
つきます。やる気をくじき、不安、混乱といった暗くつらい感情をかきたてます。そん
なとき自分にこう尋ねましょう。「それって本当？　それとも、本当だと自分で思い込ん
でいるだけ？　その考えはわたしをいきいきさせる？　才能を活かしてくれる？　思い
やり深くしてくれる？」「どうすればもっと優しく、愛情深くなれる？　勇気を持てる？」。
この質問に答えると、闇から抜け出し、光のなかへと進めるはずです。

11月
14 日

~~~~~

人は往々にして、人生でがんばる順番を間違えます。
もっと多くの物とお金を手に入れたら、やりたいことができる。そうしたら幸せになると考えているのです。
でも、実際は逆です。まずありのままの自分であること。それから、やりたいことをやること。そうすれば、ほしいものが手に入ります。

マーガレット・ヤング

11月
15 日

~~~~~

　落ち着くためのかんたんな方法があります。靴を脱いで裸足になるのです。土や草を足の裏に感じられるところだともっといいのですが、すぐに外に出られないときは、今いる場所で裸足になりましょう。足の指を動かして、足の裏の地面を（あるいは床を）感じます。足の裏から木のように根がぐんぐん伸びていく様子を想像しましょう。その根から、足から、大地のエネルギーを吸い込んで体中に送り、自分をしっかりと大地に根づかせるイメージです。2〜3分間そのまま呼吸を続け、大地とつながりましょう。

11月

16 日

〜〜〜

　苦しんでいる人に優しさと思いやりを向けると、その苦しみを和らげるために何かしてあげたいという気持ちになります。その人を罰したいとは思いませんし、もっと苦しめようとも思いません。助けたいと思います。「あなたはひとりじゃないよ」と伝えたくなります。

　自分につらいことがあったときには思い出してください。友達や愛する人が同じ状況にあるときに、どう接するでしょうか？　自分のふがいなさに腹を立てたり、失望したりするのではなく、親友に向けるような優しい声をかけましょう。苦しみが少しでも和らぐでしょうか？　試してみてください。

11月

17 日

〜〜〜

自分の悩みを間違った相手に話してしまったら、
すでに危険な嵐のなかにいるのに、
もうひとつ瓦礫が飛んでくることになる。
ブレネー・ブラウン「ミドルエイジを解きほどく」
（原題 "The Midlife Unraveling"）

11月
18日
~~~~~

「自分のせいだ」と自分を責める気持ちと、「これはわたしの問題だ」という責任感は別のものです。

心のなかにいるもうひとりの自分から責められ、批判され始めると、わたしたちはふたつの状態を行き来します。「わたしは完ぺきじゃない。なんてだめな人間なんだ。情けない」と打ちのめされる状態と、「どうせ、できっこない。みんなわたしを、だめだと思っているにちがいない。怖い。誰にも会いたくない」と身を隠すような状態です。そして、何もかもがいやになり、投げ出そうとします。

責任感は違います。勇敢に闘う姿勢です。自分の行動に責任を持ち、その影響を理解し、最善を尽くしてダメージを修復します。責任のある姿勢が、信頼感を育む環境をつくります。

次に失敗したときは、自分が自責モードになっているのか、それとも責任感モードになっているのか気づきましょう。

11月
19日
~~~~~

自分の成功に「やった！」と最後に歓声をあげたのはいつでしょう？　今、自分に喝采を送りましょう。本当に。さあ、本を置いて。今日、うまくできたこと、前に進んだこと、やり遂げたことを思い出し、「やったね！　がんばったね！　おめでとう！」と声に出してみましょう。今すぐに！

11月 20日

〜〜〜

　人はときにカメになります。誰かに傷つけられそうになったら、頭を引っ込めて甲羅に身を隠します。安全じゃないと感じたときは、「あっちへ行って」というサインを送ることもあります。でも、安心できるとき、優しさを向けられたとき、甲羅からそろりそろりと顔を出し、人とかかわろうとします。

　練習してみましょう。自分を甲羅のなかに引きこもらせる「何てだめなんだ。おまえなんか、何をやってもうまくいきっこない」という心の声を受け流し、「わたしは大切な存在。わたしはここにいていい。わたしには愛される価値がある」というポジティブな言葉を自分に伝えましょう。

11月 21日

〜〜〜

今この瞬間が、喜びと幸せに満ちている。
今この瞬間を見て、聴いて、心を傾ければ、
それに気づく。

ティク・ナット・ハン『すべての一歩に平穏がある』
（原題 "Peace is Every Step"）

194

11月
22日

~~~~

　皮肉なことに、レジリエンス（心の回復力）は、立ち向かうべきものがないと身につきません。500gのバーベルを持ち上げたって、なかなか筋肉はつかないでしょう。それを50回繰り返したとしても、負荷がなければ筋肉は増えません。ストレスが必要なのです。10回中8回くらい持ち上げられる重さから始めます。筋肉がついてきたら、さらに負荷を強くします。

　つらい試練を乗り越えるための力も、これと同じ原理で得られます。自分を大切にするためには、レジリエンスが必要ですが、つらい問題に立ち向かわない限り、レジリエンスは身につきません。同じように、何ひとつ問題のない人生を送りたいと思ってもそんな人生からは何も学べません。自分に優しさと思いやりを向ける機会すらありません。他者の視点に立つ必要もないでしょう。

　つらい出来事を乗り越えたとき、あなたはどんなふうに変わりましたか？　より思いやり深く、愛情深い人間になったのではないでしょうか？

11月

23日

~~~

　脳と体は、個体と種が生き延びられるようにつくられています。けれど自分を責める心の声は、わたしたちの生き方をハイジャックし、おまえなんかだめだと何度も言い聞かせてきます。それは個体にとっても、種にとっても、適応し生存するうえで何の役にも立ちません。わたしたちは、自分を責める心の声に「違う！」と言い返すことができます。真実を見極められます。喜びを感じることができます。

11月

24日

~~~

　人は他人と自分を比べ、違うところにばかり目を向けます。似ているところが見つからない場合、そして自分の属するグループ（人種、宗教、政治的意見、仕事など）に属さない人だと思った場合は、なおさらです。ちょっと考えてみましょう。自分とは違うと感じる人、仲間ではないと思う人を思い浮かべてください。

　その人と自分が似ていると感じるところについて書き出し、リストにします。次に違うところについてもリストをつくります。どちらのリストのほうが長いでしょうか。

　思っていたよりも共通点が多いと気づくかもしれませんし、違いが貴重な強みになることがわかるかもしれません。ものの見方、経験、知識の違いから、どんなことを学べるでしょうか。相手はあなたからどんなことを学べると思いますか？

11月
25日

〜〜〜

　人はときに、この地球上の誰よりも自分自身に対して、もっと残酷になり、ひどい批判をして、悪く言ってしまうものです。他者に対して批判をしたり悪く言ったりしているときも、自分自身のいやなところがさらけ出されるように感じて、そうなることが多いのです。けれど、あなたのなかには、多くの人に気づかれるのを待っている、素晴らしいところがいっぱいあります。自分に優しくしてください。すると、世界はもっと優しい場所になります。

11月
26日

〜〜〜

最愛の人の人生と、わたしたち自身の人生が結ばれるならば、
その幸福を見守り、つらいときになぐさめ、
奪われ苦しんだ記憶のうえに、
思いやりに満ちた歓喜の泉が生まれる。

ジョージ・エリオット『ダニエル・デロンダ』（原題 "Daniel Deronda"）

11月

27日

〜〜〜

勇気がなければ、成長できない。
真の自分にもなれない。

E・E・カミングス

11月

28日

〜〜〜

　自分を責める心の声と、「悪いことをした」と思う罪悪感には違いがあります。自分を責める心の声は、あなたにこう言います。「おまえはだめな人間だ。まともじゃない。何の価値もない」。すると、内にこもって失敗を隠したくなります。

　一方で、罪悪感はこう言います。「失敗してこうなった。他人にも迷惑をかけた」。そこで、「自分を変えたい、間違いを正したい、また信頼してもらえるようにがんばりたい」という気持ちになれたなら、自分にとってプラスになります。

　あなたは前者と後者、どちらをより強く感じますか？　自分を責める心の声のほうが強いなら、誰かに助けを求めましょう。自分を恥じて責める気持ちを和らげ、自分を許して、セルフ・コンパッションを高められるように。

　アメリカの人気テレビ番組「ミスター・ロジャースのご近所さんになろう」のフレッド・ロジャースは、思いやり深く、優しくなること、今この瞬間に意識を向けることについて、かなり多くの時間を割いて語っています。彼は、「人は素朴で、深い存在だ。だが世界が人を浅く、複雑な存在に変えてしまう」と述べました。

　あなたはとても深みのある人です。素朴だけれど深い意味のあるやり方で、世界に影響を与えています。SNSや広告は「これを買わなきゃだめ！　これに参加しなきゃだめ！　こんな行動をしなきゃだめ！」とあなたを責めます。どうでもいいことに巻き込まれ、心がすりきれます。

　ほんの少しの時間でもいいので、忙しくせわしない世界から距離を取りましょう。ゆっくりと呼吸をして、心を過去や未来、悩みごとではなく、今この瞬間へと落ち着かせ、ロジャースさんお勧めのマントラを繰り返しましょう。「わたしは素朴で、深い存在だ」と。

11月

30 日

～～～

　人はトラブルになるくらいなら妥協しようとします。わがままを言ったらけんかになるんじゃないか、「そんなのだめだ」と言われるんじゃないかと不安になります。でも、忘れないでください。望みを人に伝えたとして、最悪でも、断られるだけです。我慢し続けていることはありませんか？　本当に求めている状況に近づくために、助けや協力を求めてみましょう。今日は自分を大切にするために、自分の権利を守りましょう。

12月

♥

12月
1日

〜〜〜

言行一致。

12月
2日

〜〜〜

　目標を達成したいと思うあまり、どこから始めればいいのかわからなくなってしまうことはありませんか？　研究会や学会に参加したあと、あるいは新しいことを学んで、「よし、自分を変えよう。がんばるぞ！」とやる気がわき上がったのに、数日後いざ始めようとしたら、パンクしたタイヤから空気が抜けてしまったかのように、やる気がしぼんでいます。やる気を保つのはどうしてこんなに大変なのでしょう？

　遠くからぼんやり目標を眺めていると、前へ進む道がなかなか見えません。途方に暮れてしまい、始める前から「もうだめだ」という気持ちになります。そんなときは、自分にこう尋ねてみましょう。「未来のなりたい自分に少しでも近づくために、続けられそうなことをひとつあげるとしたら、何だろう？」。ひとつだけでかまいません。ここから始めます。このひとつをしっかりと続けていきます。どのくらい続けたら、もうひとつ加えられそうでしょうか？　「ちゃんと続けてる？」とあなたを気にかけてくれそうな人に、「こんなことを始めたんだ」と話しておくのもいいでしょう。

　感情に流されるのではなく、時間をかけて考え、計画を立てることが、大きな成功につながります。感情は浮かんでは消えていきます。エネルギーもわいては消えます。スモールステップで小さな目標を決め、それを毎日続けていくことで、最終的に素晴らしい結果にたどりつくのです。

12月

3日

〜〜〜

「真理は人を自由にする」という聖書の言葉があります。自分に対しても、嘘をついていては、自由になれません。自分を情けないと恥じて、何てだめなんだと責めていると、本当の自分を見失い、身動きが取れなくなります。「本当の自分はだめなんかじゃない、自分には力がある」という真実が、あなたを自由にします。

12月

4日

〜〜〜

「ランプの灯を絶やさないためには、
オイルを注ぎ足し続けるしかありません」

マザー・テレサ

12月

5日

～～

　飛行機で機内の気圧が変化すると、酸素マスクが天井から下りてきます。このとき、大人が先に自分に酸素マスクをつけ、そのあとに子どもの酸素マスクをつけるように指示されます。親にとっては、本能に逆らっているように感じます。子どもの安全を優先したいと思うからです。でも、親自身が先に酸素マスクをつけなければ、子どもを守ることはできません。

　自分のことを後回しにせず、他者のために自分の興味関心を打ち消さないこと。それが自分を大切にするために必要です。そうして初めて、自分の悩みやつらさに気を取られず、「心ここにあらず」に陥らず、より効率よく他の人を支えられます。今自分のためにしたいのは、どんなことでしょう？

12月

6日

～～

　自分にとって本当に大切なこと、心の奥で望んでいることを認めて受け入れ、それにしっかり耳を傾けると、苦しみに対する見方が根本的に変わります。「この目的のためにつらいことを耐え抜くんだ」とわかれば、行動が変わります。自分には愛される価値がある、誰かのそばにいる価値があると受け入れられると、何だって、どこまでもがんばれるのです。

〜〜〜

　心の奥深くに、芯となるあなたがいます。それが本当のあなたです。知恵、勇気、力と、本当はどうしたいかという気持ちがそこにあります。真の自分を探り、それを誰かに伝え、理解してもらうと、もっと心がつながり、成長できます。

　目を閉じ、静かに瞑想を始めましょう。頭のてっぺんから足の先までゆっくり注意を向け、どんな感じがするのか確かめます。そのどこかに芯となる自分がいます。見つけるのに、少し時間がかかるかもしれません。焦らずに、ゆっくりと呼吸を続けます。そのまわりに何があるでしょうか？　心の壁や塀はないでしょうか？　自由に話せますか？

　今日はときどき、「本当の自分」を意識してみましょう。4〜5回くらい、その自分に意識を向け、どんな気持ちなのか、どんな状態なのかチェックします。夜になったら、それがどんな感じだったのかノートに書きます。ふしぎなこと、興味深いことに気づきましたか？難しかったのはどんなことでしょうか？　かんたんだったのはどんなことでしょうか？

〜〜〜

今日、わたしはこれまでの思い込みを変えることができる。

　自分を責める心の声は、「こうするべきだ」「そうするべきではない」と言うのが得意です。よく頭のなかで聞こえてくる言葉を書きとめてみましょう。そのあと、「べき」「するな」という部分に取り消し線を引いて、「したい」「したくない」に書き換えてみましょう。そして、文章のあとに「なぜなら」から始まる文章を付け足します。たとえば、「清涼飲料水ばかり飲んじゃだめ」という文なら、「清涼飲料水ばかり ~~飲んじゃだめ~~ 飲みたくない。なぜなら、体によくないから」と書きます。あるいは、「清涼飲料水ばかり ~~飲んじゃだめ~~ を飲みたい。なぜなら、体によくないってわかっていても、おいしいから」と書いてもいいですね。

　文章を書き直すと、自分を責める心の声が本当は何のためにあるのかわかります。その声はわたしたちを助けようとしているのですが、方法が間違っているのです。思いやりのない冷たい言い方になっているだけなのです。時間を取って言葉を見直し、言い換える練習をすると、いいことがふたつあります。まず、自分の本心がわかります。次に、冷静に状況を判断し、自分が本当にしたいことを選べます。「あれをしろ」「これをするな」という心の声に苦しんでいるときに、これを試してください。

12月
10日
～

わたしは、真実、高潔さ、
光を惹きつける。

12月
11日
～

　太陽系の仕組みや地球上の生命について考えてみましょう。毎日、地球の回転に伴い、予測可能なパターンで太陽が昇り、沈みます。地球が太陽のまわりを1年かけてまわるとき、地軸の傾きが季節をつくります。小さな種をしかるべき季節に植え、どの食べ物がいつ収穫できて、どの花がいつ咲くかわかります。潮汐を予測でき、あらゆる海岸線の潮位表がつくれます。月食や日食も、数年単位の長い周期を繰り返しているので、正確にいつどこで観測できるのかわかります。

　これはどんなことを意味するのでしょうか？　この問いにはさまざまな答えがありますが、そのひとつはこうです。この世界は安全な場所であるということ。カオスのなかにも、予測可能なものがあるということ。あなたのまわりで、常に信じられる、頼れるものに、どんなものがあるでしょうか？

12月

12 日

~~~

人との関係において、
あたかも自分ではない者のように振る舞うのは、
長い目で見ると、何のプラスにもならない。

カール・ロジャーズ『自分が自分になること』
（原題 "On Becoming a Person"）

12月

13 日

~~~

　この本を通じて、心の古傷（身近な人の喪失や、身近な人からの拒絶、見捨てられる経験、ネグレクト、裏切り、虐待のあと長く残る傷）について話してきました。人生とは、この傷を癒やす旅でもあります。とくに、自分を大切にすることで、心の傷を癒やす旅です。

　自分を大切にしようとするなかで、人にされて傷ついた行動を再現し、繰り返している可能性があります。人に無視されたのなら、自分も無視するのではなく、自分と他者に優しい関心を向けましょう。人に失望したなら、自分も相手をがっかりさせるのではなく、自分で守りたいと思う約束を、心を尽くして守ります。信頼する人に裏切られたのなら、あなたが自分と人にとっていつでも信頼できる忠実な友でいることができます。

12月

14日

~~~

　傷口のかさぶたをはがすと、治癒が遅れ、傷口が開いて感染しやすくなります。心の古傷も同じです。傷が治り始めると、心のなかの小さな自分が「この下には何があるのかな?」と、かさぶたをはがそうとします。心のかさぶたをはがそうとする行為とは、後悔したり、誰かを攻撃したり、怒りを抑えながらもいやな態度を取ったり、大切なパートナーの信頼を裏切る行為をしたりすることです。

　かさぶたをはがさないようにするには、ばんそうこうを貼るといいですよね。同じやり方で、心のかさぶたも「大丈夫だよ。そのままのあなたでいいんだよ。わたしがついているよ。苦しくても当然だよ。がんばったね」という言葉で優しく包み込みます。くつろぎながら、穏やかに過ごす時間を定期的に取り、ありのままの自分の心に向き合い、手当てをします。胸やのどのあたりなど、苦しいところに両手を当て、その手から癒やしの光が体のなかにしみ込んでいくのをイメージするのもいいですね。どうすれば、心の傷を守りながら、それを癒やす環境を整えられるでしょうか?

12月

15日

~~~

　今日は、次の言葉を25回、繰り返し自分に言い聞かせます。「(自分の名前)、大好きだよ。あなたは太陽のような存在。あなたががんばっていることは、きっとうまくいく」

12月
16日
~~~~~

ナマステ※。
あなたの心持ちに、心底、頭が下がります。

※インドの「おはよう」「こんにちは」「さようなら」などの挨拶の言葉。「あなたに敬意を込めて」といった意味を持つ

12月
17日
~~~~~

　多くの人が間違った前提のもとに動いています。「人間は自己中心的で、自分の利益を優先しようとする」というものです。この思い込みこそが、自己中心的な行動を増やします。「うかうかしていると、人に取られて自分の分がなくなってしまう」と考えるからです。

　でも本当は、人と思いやりのある関係を築いているほうが、いろんなことがうまくいきます。仲間だと感じられる人がいて、他の人の人生に貢献していると感じられるとき、人はいきいきします。お金では幸せは買えません。幸せは、温かく思いやりのある関係のなかで感じられるものなのです。

~~~~

裁判長。

万物は互いに密接な関係にあり、

たとえ小さな小石を海に向かって投げただけでも、

海水すべてに影響を及ぼします。

地球上のあらゆる存在は分かちがたく結びつき、

あらゆる行動は、意図しようとしまいと、

他の存在すべてに作用し、さらに反作用します。

それは誰のせいでもありません。

すべては無限ともいえる偶然の重なり合った結果であり、

誰にもコントロールできません。

その因果関係は、人間の脳にははかりしれぬことなのです。

クラレンス・ダロウ『地獄行きの者のための弁護士—法廷のクラレンス・ダロウ』
（原題 "Attorney For the Damned: Clarence Darrow in the courtroom"）

12月

19日

~~~~~

　神経科学の研究から、長年の理論が裏づけられました。人は本能的に、人とのつながりを求めるのです。意識している以上に、わたしたちは互いに深く影響を与え合っています。研究から明らかになったのは、人は相手を見て判断し、その結果によっては、相手に共感しようとするのもやめることです。とりわけ、自分の仲間じゃないとみなしたときに、その傾向が強くなります。このことは政治の世界でよく目にします。支持政党が違うというだけで、相手の話に耳を貸そうとしません。仲間ではないとみなし、偏見にもとづいた判断をして、壁をつくります。

　こうして相手と分断されると、脳神経では苦痛が生じます。そして、わたしたちは自分の心をまひさせます。自分を大切にするためには、好奇心を持って広い世界を眺めなくてはなりません。相手が自分と違うという理由だけで、拒絶し、遠ざけ、見下し、ひとりの人間として見ない、ということはありませんか？　こういう行動を取ると、自分自身にずっと苦痛を与え続けることになる、という科学的事実を受け入れてみませんか？　自分にもっと優しくなるとともに、敵だと思っていた相手にも同じように優しくなれるはずです。

~~~~~~

　猛暑のなか作業する３人のレンガ職人がいました。ひとりの男が、レンガ職人に何をつくっているのか尋ねました。

「実は知らないんだよ。朝来て言われたことをしているだけさ。仕事って、そういうもんだろ」と、１人目の職人が答えました。男はまだ知りたくて、２人目の職人に何をつくっているのか尋ねました。「壁をつくっているのさ」と、職人が答えます。

　すると、３人目の職人が立ち上がり、男の目をまっすぐ見て答えました。「ぼくたちがつくっているのはレンガの壁ではありません。大聖堂です。ぼくらの手で大聖堂をつくるのは、とても名誉あることです」

　３人のレンガ職人の仕事に対する態度はそれぞれ違います。どの職人の態度があなたの心を打つでしょうか？　わたしたちもまた、レンガ職人なのです。ひとつひとつレンガを積み上げて人生を築いています。一歩下がって、あなたが積み上げた素晴らしい人生を眺めてみましょう。ひとつの壮大な目標を見据えて生きるとしたら、あなたの行動や人生の見通しはどんなふうに変わるでしょうか？　人生と、この世界でどんなことを成すのかを、より広い視野で、より長期的な見通しを持って眺めるのは、自分を大切にするのにとても役立ちます。

12月

21日

〜〜〜

その人が信頼に値するか確かめたいなら、
信じてみればいい。

アーネスト・ヘミングウェイ

12月

22日

〜〜〜

アメリカのウエストポイントにある陸軍士官学校の卒業式で、200年以上にわたって毎年続けられているおもしろい伝統があります。卒業資格を得たなかで最下位の生徒が「ゴート」（ヤギ）と呼ばれ、バカにされるのではなく、全員から祝福されます。その人が卒業証書を手にしたことを、卒業生全員がお金を出し合い、祝うのです。

　最下位になったというのに、なぜ祝福されるのでしょう？　これは、あきらめずにがんばり続けたことに対する賞賛です。ゴートとなった人は最後まであきらめずに努力して走り続け、ゴールテープを切りました。陸軍士官学校でゴートになった人々から、各分野で優れた指導者が何人も出ています。

　最優秀賞も、最下位も、将来の成功を予測するものではありません。大切なのは、前に進み続けることなのです。

12月

23日

アロマテラピーで使われるエッセンシャル・オイルには、癒やしの力、活力を与える力を持つ植物から抽出された香り成分が凝縮されています。「わたしはありのままでじゅうぶんだ。愛される価値のある存在だ。わたしはここにいてもいいんだ」と思えるように助けてくれます。ベルガモット、フランキンセンス、ローズ、ミルラ、サンダルウッド、ローズウッド、カモミール、ローズマリーなどがあります。単体で使ってもいいですし、組み合わせて使うこともできます。アロマ・ディフューザーを使ったり、アーモンドオイルやホホバオイルなどの植物油で薄めて肌に塗ったりしてもいいですね。ポジティブな言葉を唱えながら、お腹や胸のあたりを時計回りにさするのもお勧めです。

12月

24日

恥をかき、退屈な骨折り仕事が続き、夢は破れても、
世界は美しい。
陽気であれ。幸せになるために励め。

マックス・アーマン「デシデラータ」（原題 “Desiderata”）

12月

25日

　過去に傷つき、ネガティブな記憶として残っている話を、新たな視点から語り直すと、とらえ方が変わります。怒り、落ち込み、苦々しい気持ち、絶望という変異した感情にとらわれなくなります。身近な人との関係で心に受けた古傷について、新たな視点から書いてみます。あなたの勇気、思いやり、信念、希望という観点から書くのです。もし、できそうだったら、親友や愛する人に読んでもらってもいいかもしれません。

12月

26日

　今日笑ったことを3つ書きましょう。何がそんなにおもしろかったのか、楽しかったのか書いてみます。誰かといっしょに笑ったからでしょうか?

剪定という技術があります。枝、芽、根を整え、より豊かに育つようにし、病気になったところや傷んだ部分を取り除きます。

ガーデニングを始めたばかりの人にとって、これはなかなか難しいものです。元気な枝を切り取るのに抵抗を感じます。熟練した庭師は、剪定が木々にとって必要なことを知っています。伸びすぎた木には安全上の問題がありますし、果実や花が多くなるように手を入れる場合もあります。

ガーデニング初心者と同じく、わたしたちもまた、もう役に立っていない自分の一部を手放しがたく感じます。悲観的な考え、自分らしくいきいきと過ごすのを阻んでいる習慣などを、手放せずにいるのではないでしょうか。自分にとってもう役立たなくなっている部分を刈り取るのには、勇気が必要です。重すぎる枝や傷んだ木を取り除くことができれば、もっと光が差し込み、空気が通ります。古くて大きくなりすぎた枝が重荷になることもなくなります。刈り取ることで、「もうこういうところは必要ないんだ」とあらためてわかり、勇気を持ってその部分を手放そうと決意したら、自分と他者をもっと大切にできるようになります。

あなたの人生に、もう役に立っていないものはありませんか？　いらない部分を手放して自由になるには、何の助けが必要でしょうか？

12月
28日

～～～

ぼくがぼくであることを
幸せに歌えるように、
あなたもあなたであることを
幸せに歌えるんだ。
だってぼくたちは、同じ物質でできているから。

ウォルト・ホイットマン「ぼく自身の歌」（原題 "Song of Myself"）

12月
29日

～～～

　あなたも鏡を見て、自分のいいところを見つけられます。自分の素敵なところを探しましょう。自分の才能をしっかりと見つめましょう。瞳はなぜこの色なんだろうと好奇心を持って見つめます。鏡に映った像が、なぜあなたの感情を揺らすのでしょう。鏡に映し出された自分の姿に愛と思いやり、優しさを向け、見つめることができます。あなたを素晴らしい人物にしているのは何でしょう？

12月
30 日

~~~

　今日までずっと、あなたは自分を大切にする力を学び、成長してきました。自分のことが前よりも理解できるようになりました。過去の傷、過去の思い込み、過去の行動パターンから自由になる方法を見つけました。もちろん、1日で成し遂げたことではありません（自分を大切にする力をこれからもずっと伸ばしていけるはずです）。この1年を振り返ってみましょう。どれだけ成長したかを！

12月
31 日

~~~

あまり過去は振り返りません。
わたしたちは、未来へと進みます。
新しいドアを開け、新しいことに挑戦します。
なぜなら、知りたくてたまらないからです。
知りたいという思いが、
わたしたちを新しい道へと導くのです。

ウォルト・ディズニー

謝辞

自分を大切にするスキルについての知見を広め、科学的な基礎を築いてくださった研究者と教育者たち（タラ・ブラク、ブレネー・ブラウン、ケリー・マクゴナガル、クリスティン・ネフ）に、心からの感謝を込めて。

著者　トロイ・L・ラブ　Troy L. Love

ユマ・カウンセリング・サービスの所長であり、臨床部長。ファインディング・ピース・コンサルティングの創設者。2000年にピッツバーグ大学大学院にて社会福祉の修士号を取得。その後、依存症患者の支援に長くかかわる。コーネル大学のヒューマン・リソース・コース修了。ミッドナザレン大学において性依存治療の専門家養成コースを修了。
心の癒やしを求める個人や、パフォーマンスを高めたい企業向けに、その独特の組み合わせのスキルを活用し、提供している。数多くの人々が筆者のワークショップ、講演、グループ研修を受け、解決困難な問題について語り、理解を深め、変化への一歩を踏み出している。著書に『心の平穏を探して』『心を穏やかにする技法』(いずれも仮邦題)がある。
アリゾナ州ユマに、妻と、2人の子ども、2匹の愛犬とともに在住。
https://www.troyllove.com/

訳者　山藤奈穂子　Yamafuji Naoko

翻訳者、臨床心理士、公認心理師。お茶の水女子大学文教育学部教育学科心理学専攻卒業、文教大学大学院人間科学研究科臨床心理学専攻修士課程修了。「受診しないうつ」で、日本うつ病学会第1回学会奨励賞を受賞。現在は、精神科・不眠外来のクリニックで心理療法を行っている。訳書は『コンパッション・フォーカスト・セラピーに基づいたアンガーマネジメント』(星和書店、共訳)、『コンパッション・マインド・ワークブック』(金剛出版、共訳)、『大人のADHDワークブック』(星和書店)など多数。

原書デザイン　　　　　　　　アマンダ・キリック
原書アートプロデューサー　　ヒラリー・フリレック
日本版デザイン　　　　　　　ごぼうデザイン事務所

1日ひとつ、自己肯定感を高める365の言葉
少しずつ自分を好きになる心の習慣

2021年12月12日　初版第1刷発行

著者	トロイ・L・ラブ
訳者	山藤奈穂子
発行者	小川 淳
発行所	SBクリエイティブ株式会社
	〒106-0032 東京都港区六本木2-4-5
	電話：03-5549-1201（営業部）
印刷・製本	株式会社シナノ パブリッシング プレス

本書をお読みになったご意見・ご感想を
下記URL、右記QRコードよりお寄せください。
https://isbn2.sbcr.jp/10968/